NOTICE HISTORIQUE

SUR LA

BIBLIOTHÈQUE PUBLIQUE

DE LA VILLE DE St-OMER.

PAR

H. PIERS.

LILLE.
Imprimerie de Ve LIBERT-PETITOT, place du Théâtre, 27.
1840.

7599

NOTICE HISTORIQUE

SUR LA

BIBLIOTHÈQUE PUBLIQUE

DE LA VILLE DE St-OMER.

PAR

H. PIERS,

Membre de la société royale des Antiquaires de France, de celles des Antiquaires de Normandie, d'Arras et de Douai; membre de l'Association Lilloise, correspondant du ministère de l'instruction publique pour les travaux historiques.

Lille. — Imp. Ve LIBERT-PETITOT, place du Théâtre, 27.

NOTICE

HISTORIQUE

Sur la Bibliothèque publique de la ville de St-Omer.

La découverte de l'imprimerie qui a répandu dans le monde une multitude d'ouvrages de différens genres, et d'une utilité plus ou moins contestée, ne tarda pas à faire cesser la rareté des livres ainsi que leur cherté excessive. Aux titres d'*antiquaires* et de *copistes* succédèrent les dénominations de *bibliophiles*, de *bibliomanes* et de *bibliotaphes* Deux siècles auparavant, Louis IX, à son retour de l'Egypte, mère de la Philosophie et des Beaux-Arts, avait d'abord fait transcrire les meilleurs manuscrits des monastères de son royaume pour en former une collection avantageuse aux littérateurs ; il ouvrit ensuite lui-même cette bibliothèque à ses sujets studieux, dans la *Sainte-Chapelle* du palais, imitant le noble exemple du savant *Pollion* qui, « le premier, eut la gloire de consa-
« crer une bibliothèque au service public, en la déposant
« dans l'*Atrium* du temple de la *Liberté* sur le mont Aventin ; » admirable hommage rendu dans des siècles si opposés à ces deux plus grands et indissolubles mobiles de la pensée humaine : Dieu et la liberté !

Le premier effet de l'étonnante invention qui a immortalisé la deuxième partie du quinzième siècle fut d'atténuer l'ignorance générale par la propagation des livres saints et des chefs-d'œuvre de l'antiquité. Le flambeau de la science et de la vérité commença alors à scintiller sur toute la terre; les productions de l'imprimerie se multiplièrent à l'infini, repoussèrent la barbarie toujours envahissante, adoucirent les mœurs des hommes, et seraient parvenues même à leur procurer le bonheur, si elles avaient pû les corriger de leurs passions dont l'origine et la durée ne ressemblent que trop à celles du monde.

L'Europe se remplit ensuite d'une quantité de bibliothèques privées et publiques; c'était la brillante époque de la renaissance des lettres. Plus d'un amateur éclairé répéta alors dans le premier feu de son enthousiasme ces belles paroles de *Cicéron* à *Atticus* sur son amour ardent pour les livres : « il égale le dégoût que j'ai pour tout le « reste des choses humaines. » — « Qu'y avait-il dans la « bibliothèque d'*Alexandrie*, s'écria aveuglement une « bizarre philosophie ? des livres ascétiques, des livres « de théologie, des livres de controverse; on ne pouvait « rien faire de mieux que de les jeter au feu !.... » M. Petit-Radel compte vingt-deux bibliothèques qui ont été victimes du même fléau indépendamment de celles qui ont péri dans des incendies généraux. — L'incendie de la belle et nombreuse bibliothèque du collège romain vient encore d'enlever au monde savant plusieurs centaines de manuscrits précieux.

Lorsque les Goths prirent Athènes vers la fin du troisième siècle de notre ère, ils voulurent, dit un illustre écrivain, brûler les bibliothèques; mais un des barbares s'y opposa; « conservons, cria-t-il, ces livres qui « rendent les Grecs si faciles à vaincre, et qui leur ôtent « l'amour de la gloire! » On ne sait que trop que les révolutionnaires de 1793 qui prétendaient nous replonger aussi dans cette barbarie où les Goths voulaient rester, brisèrent les monuments, détruisirent les tableaux des grands maîtres, et se rendant les apologistes de tous les brûleurs de livres depuis *Omar*, consumèrent une partie des bibliothèques de la France, en amis exclusifs des gargousses, et trouvant d'ailleurs que la lecture des *Droits de l'Homme*, comme jadis celle de l'Alcoran, était suffisante au monde.

M. Petit-Radel observe encore avec raison que l'établissement des bibliothèques publiques pouvait seul compléter les résultats de l'impulsion donnée aux lettres et aux sciences en Europe par la découverte de l'imprimerie. En effet, une bibliothèque publique est semblable aux mines du Pérou qui renferment dans leur sein des richesses métalliques dont s'alimente ensuite l'industrie des nations. « Les sciences n'ont jamais fait tant de progrès, a dit Ganganelli, que depuis l'époque des bibliothèques publiques. »

S'il existe parmi les peuples modernes des restes vivants de l'antiquité que l'on retrouve encore chaque jour dans le costume et le langage des habitants de certaines contrées, les manuscrits, monuments muets à la vérité, mais plus durables que ces fugitifs souvenirs que les progrès de la civilisation font insensiblement disparaître, échappés heureusement à diverses époques de destruction, attestent immuablement dans les principales bibliothèques publiques de l'Europe, le respect inaltérable que l'on conserve à cette vénérable antiquité, la mère des sciences et des beaux-arts, le guide inspirateur des poètes, et la source féconde des récits de l'historien ; les manuscrits, seconde édition des chefs-d'œuvre des vieux siècles, précieux résultats des laborieuses veilles des érudits du moyen-âge, brillent comme des témoignages reconnaissants rendus par tout un monde aux travaux primitifs d'un autre monde, comme la transmission naturelle de l'impérissable flambeau des lumières qui ne tend dans la marche ascendante des temps qu'à éclairer fructueusement toutes les parties de l'univers. Il y a quelques siècles, les manuscrits étaient les seuls livres connus et conséquemment, ils étaient d'une toute autre importance avant la découverte de l'imprimerie. Cependant, malgré l'accroissement inouï de la plus belle branche de l'industrie humaine, ils n'en jouissent pas moins, surtout à cette époque d'élancement vers toutes les choses utiles et généreuses, de l'attention la plus prononcée et la plus légitime. Indépendamment des enfants de génie qui ont descendu les premiers dans l'arène littéraire, ces poudreuses collections ne renferment-elles pas encore les chronologues de l'ère vulgaire, les annalistes des guerres sanglantes de l'histoire moderne, les chroniqueurs contemporains des provinces et de chaque cité, mine profonde et qui est encore loin d'être épuisée. « Les vignettes des manuscrits « donnent d'ailleurs l'idée la plus nette des usages du « temps. On y voit des batailles, des cérémonies pu-« bliques, des prestations de foi et hommage, des inté-

« rieurs de maison et de palais, des vaisseaux, des che-
« vaux, des armures, des vêtements de toutes formes et
« de toutes les classes de la société. » Les ornements des
manuscrits servent aussi à procurer la couleur du siècle
au tableau de l'historien ; en outre, le biographe ne peut-
il pas y recueillir facilement les titres peut-être en partie
inconnus qui peuvent contribuer à rehausser la gloire
de sa patrie ? que de productions estimables attendent
peut-être encore dans l'oubli des bibliothèques la publicité avantageuse et la justice qui leur sont dues ! La connaissance des manuscrits est donc avec raison une des
plus intéressantes branches de la bibliographie.

Deux siècles après la découverte de l'imprimerie,
l'Europe ne contenait encore que trois bibliothèques publiques. — « La science ne sortit des couvents pour s'é-
« tendre dans tous les rangs de la société qu'au dix-
« septième siècle. »

Baudouin II, comte de Guisnes qui excellait dans la
philosophie et les arts libéraux, avait, afin de ranimer
l'ardeur et le goût des savants, formé une riche bibliothèque qui passait, dans le douzième siècle, ainsi que
celle de St-Bertin, pour une des premières de la Morinie.
Hommage et gloire à la mémoire de ce seigneur vraiment noble ! ce souverain du Brédenarde, confia sa *très-
ample bibliothèque* aux soins de Hésard de Haldehem. 1

La Flandre et l'Artois ont joué un rôle remarquable
dans le grand drame de la monarchie française ; la ville
de St-Omer qui tour-à-tour a fait partie de ces vastes provinces, était, comme on sait, une des cités des Pays-
Bas les plus fertiles en établissements monastiques ; et
le goût de l'étude et l'amour des lettres que l'on a sû y
maintenir à travers des règnes divers, ont contribué es-
sentiellement à grossir le recueil des traditions des principaux événements de cette contrée. Sans doute elle a
fait des pertes immenses dans ses richesses littéraires
pendant la grande dévastation qui a précédé notre siècle ;
mais malgré les ravages irréparables de cette horrible et
dernière époque de l'ignorance vengeresse du peuple, les
amateurs des lettres pourront encore y puiser d'utiles
matériaux et de rares documents.

Nous possédons les débris de la plupart des biblio-

---

1 On trouvera à la suite de cette notice quelques notes sur les
autres bibliothèques du Pas-de-Calais.

thèques des communautés qui ont fait pendant plusieurs siècles l'ornement de la ville de St-Omer.

Les bibliothèques de l'abbaye de St-Bertin et de Notre-Dame de St-Omer étaient désignées comme *publiques* dans les *Almanachs d'Artois*.

A partir de la fondation de l'illustre ordre de St-Bénoit, les communautés religieuses s'étaient multipliées avec une rapidité extraordinaire ; de toutes celles qui s'établirent successivement à St-Omer, l'abbaye de St-Bertin qui était soumise aux statuts du Mont-Cassin, possédait la plus riche bibliothèque de la contrée. Les hommes qui avaient quelque propension pour les études s'y réunissaient, et les livres y furent toujours en général soigneusement conservés. Des copistes, secrétaires de l'abbé, y étaient constamment entretenus. Ce monastère ne laissait jamais vacante la place de *scriptorium*. C'étaient de bienfaisants ouvriers qui multipliaient autant que possible de profitables productions, à une époque trop prolongée, où un petit nombre d'élus était seul appelé à en jouir, avant la perfection du plus utile des arts; avant que le genre humain eût enfin gagné la liberté de penser publiquement.

La conservation des œuvres de l'antiquité est le plus grand miracle des temps barbares ; c'est dans le sixième siècle que les moines s'occupèrent ardemment de la transcription des manuscrits; nous n'avons pû en recueillir aucun d'une époque aussi reculée. Dans le neuvième siècle, les cloîtres, entre autres ceux de Sithieu, devenaient la proie des pirates du Nord, et l'incendie dévorait nos bibliothèques. Le savant Alcuin, précepteur de Charlemagne et qui résida longtems dans la ville d'Aire où il avait fondé une célèbre Académie, ne fut pas sans tirer de nombreuses copies de ses divers ouvrages, et elles durent probablement rester en partie dans cette contrée. Le puissant Charlemagne protégea spécialement les études naissantes dans le bourg de Sithieu, et ses successeurs étendant également une salutaire protection sur ceux qui cultivaient les sciences, n'oublièrent pas le monastère de St-Bertin. — « Il y avait des céno-
« bites chargés de revoir les copies, de rectifier la ponc-
« tuation, les divisions et subdivisions. Ces écrivains
« étaient extrêmement honorés : le chemin de la
« science était devenu le chemin du ciel. » — La coutume était aussi à St-Bertin de tenir des registres et des journaux où l'on inscrivait exactement, non-seulement

tout ce qui pouvait intéresser l'abbaye et la cité, mais encore ce qui arrivait d'essentiel dans la province et dans le royaume. En général, on l'a observé avec raison, les cénobites qui écrivaient l'histoire de leur temps, se succédaient de génération en génération, ou plutôt se relevaient comme des sentinelles vigilantes. « L'histoire, « disaient-ils justement, est la messagère de l'antiquité, « le témoin des temps qui ne sont plus, la mémoire du « genre humain, la leçon des peuples, l'école des rois. » Ces obscurs écrivains, jadis les uniques annalistes du siècle, ont-ils toujours dans leurs compositions confirmé d'une manière satisfaisante ces sages préceptes? c'est ce qu'il n'est pas dans notre intention de controverser; mais nous dirons que, si quelquefois la fondation d'un couvent, la réunion d'une ferme, d'une vigne, d'un moulin aux domaines du cloître, ont eu aux yeux des moines audomarois une trop grande importance; s'ils pensaient dans le royaume de leur solitude que la prospérité publique consistait dans les moissons et que la stérilité ou l'abondance de chaque année répandait parmi les peuples la tristesse ou la joie, ils savaient croire sérieusement, lorsque leurs échos silencieux étaient tout-à-coup troublés par la répercussion de quelque grande catastrophe, que c'était toujours la perversité des peuples ou l'aveuglement des rois qui apportait au monde les désastres et les tribulations.

Il est incontestable, et nous sommes persuadé d'être compris par toutes les opinions généreuses, que nous avons des actions de grâces à rendre aux religieux du moyen âge qui, par leur zèle infatigable, ont transmis à la France l'héritage des travaux de l'antiquité. Nous possédons des manuscrits d'un siècle antérieur à l'arrivée des Normands, et la plupart proviennent de l'abbaye de St-Bertin. Nous en pouvons montrer même qui ont plus de dix siècles et dont la respectable reliure en bois semble braver le pouvoir irrésistible du temps.

Vers la fin du huitième siècle, Charlemagne avait accordé à l'abbaye de St-Bertin un privilége semblable à celui qu'il avait concédé déjà à l'abbaye de St-Denis concernant les produits de chasse dans les forêts royales : « *ex quorum coriis libros ipsius sacri loci cooperiendos ordi-* « *namus.* » Gunther passe pour le plus ancien écrivain de l'abbaye de St-Bertin, et il en est considéré aussi comme le premier bibliothécaire. Il remplit avec un zèle infatigable ces paisibles fonctions, et la bibliothèque du couvent qui se trouvait alors dans un délabrement extrême après les invasions des Normands, ne tarda pas à sortir de son obscurité et à recevoir des améliorations considérables. Comme Gunther peignait parfaitement, il laissa de sa main plusieurs beaux manuscrits, et, entre autres ouvrages, un recueil extrêmement utile au monastère, car il contenait le dénombrement de ses propriétés, ses statuts et le résumé de ses archives. — Le dernier bibliothécaire du monastère a été l'abbé Lamaury.

Baudouin IX protégea spécialement la bibliothèque de St-Bertin ; grand amateur des lettres, il avait, avant son départ de Flandre, chargé plusieurs savants de recueillir tous les documents qui pouvaient intéresser l'histoire de son pays.

Dans le moyen-âge, « les manuscrits dormirent long-« temps solitaires ; » — « La lyre d'Ovide charmait « quelquefois les ennuis du cloître. » Nous possédons deux manuscrits des *Métamorphoses* dont les caractères sont du onzième siècle. La bibliothèque de St-Bertin avait aussi deux manuscrits des œuvres de Virgile, transcrites dans les douzième et quinzième siècles, et n'offrant, toutefois, rien d'extraordinaire. Parmi les manuscrits des classiques latins qui nous sont restés, nous citerons encore la plupart des œuvres de Cicéron, Quintilien, Térence et Valère-Maxime. Presque tous ces manuscrits ainsi que divers ouvrages d'Aristote, Galien et Plutarque (traductions latines) ont été transcrits dans l'intervalle du onzième au quinzième siècle. Il ne s'y trouvait pas de Salluste ni de Tacite.

Malgré la secte fatale des Cornificiens dont le grattoir ténébreux mutila à diverses reprises, mais en vain, les plus belles pages de notre littérature, les études ne furent point négligées dans l'abbaye de St-Bertin pendant le treizième siècle. On portait une affection toute particulière dans les monastères de St-Bertin et de Clairmarais aux ouvrages de St Augustin. Il nous en a été laissé trente-six manuscrits qui comprennent presque toutes les productions de ce célèbre écrivain, sensible jusqu'à l'excès aux charmes de l'éloquence, le Platon des Chrétiens.

Dans le quinzième siècle, les savants italiens se distinguèrent par le dévouement qu'ils manifestèrent à la recherche des manuscrits. « On les voyait courir les « provinces, s'attacher avec ardeur aux traces de l'anti-

« quité ; ils fouillaient dans la poudre de tous les mo-
« nastères, interrogeaient tous les débris en conqué-
« rants pacifiques. » Telle fut la conduite de Léon X et
d'Erasme dans l'abbaye de St-Bertin. Ils durent voir
avec satisfaction l'hommage que l'on y rendait au tendre
Pétrarque : quatre copies de ses divers écrits s'y trouvaient lors de leur arrivée ; nous les avons encore.

Jean VI, né à Arques, abbé de St-Bertin, fit commen-
cer, en 1414, la belle bibliothèque de la dernière église
de ce monastère. Elle fut transférée en 1729 dans le
Quartier des Princes.

Voici ce que dit à ce sujet le grand Cartulaire de St-
Bertin : « En 1729, fut achevée la superbe bibliothèque
« de St-Bertin, faite par les libéralités de Benoit Petit-
« Pas, quatre-vingtième abbé, et qui passe, tant pour
« l'ouvrage et sa vaste étendue que pour la richesse de
« ses manuscrits et le grand nombre de ses livres et vo-
« lumes en tous genres, pour une des plus amples et
« considérables de la France, et que ledit bienfaiteur
« enrichit encore d'une grande quantité de nouvelles
« souscriptions....... » — Parmi les bibliothèques du
moyen-âge dont la réputation incontestable est attestée
par les monuments, on voit en France celle de St-Bertin à St-Omer. 1 « à St-Bertin, se trouve une biblio-
« thèque assez considérable par le nombre et la beauté
« de ses volumes, car un des caractères qui distinguent
« les amateurs des lettres dans toute la Flandre, est cette
« ardeur de posséder des livres rares et des plus belles
« éditions qu'on nomme la bibliomanie. 2 »

Le monastère de St-Bertin possédait les matériaux
historiques les plus précieux de tout le Nord de la
France. Les annales, les chroniques et les cartulaires de
St-Bertin, centre des relations spirituelles du pays, au
midi de la Flandre, doivent être rangés, d'après l'opinion du savant Warnkœnig, parmi les sources les plus
importantes de l'histoire des premiers temps du moyen-
âge. L'importance de la chronique d'Ipérius est généralement appréciée ; l'histoire de la Toison d'Or est due à
la plume de Guillaume Fillastre. Charles Gherbode, religieux très-instruit, s'occupait sérieusement de l'histoire d'Artois vers le milieu du siècle dernier ; il avait

---

1 C. Achery.
2 Année littéraire, 1768.

alors en sa possession le précieux *manuscrit de Tramecourt* si intéressant pour la véritable appréciation de la bataille d'Azincourt. Dom Berthod, bénédictin de la congrégation de St-Vannes, fit aussi, en 1774, un voyage littéraire. « Il est peu d'abbayes aussi riches en
« manuscrits que celle de St-Bertin, dit-il dans sa rela-
« tion ; la plupart datent des neuvième, dixième et on-
« zième siècles. Il y en a deux dont les caractères m'ont
« paru remonter au règne des Mérovingiens. — On
« doit distinguer un manuscrit de saint Grégoire de
« Tours qui date du dixième siècle. (C'est à la fin de ce manuscrit que nous avons retrouvé le fragment original des fameuses *Annales de St-Bertin*. Voir le *Puits Artésien*, t. 3. p. 503) Les Annales védastines, ainsi que l'abbé Lebœuf les appelle, sont vraiment originales. — « J'ai vu
« aussi plusieurs auteurs des beaux siècles de Rome,
« transcrits avec beaucoup d'élégance et de netteté. »
— Joscio-Dallennes, le dernier des abbés de St-Bertin, ouvrait la bibliothèque à tous ceux qui cultivaient les sciences et les arts. Elle fut fermée en 1791, et ensuite que devint-elle ? ce que devient une confiscation commencée par le séquestre. Selon l'allégation exagérée de M. Mazas, « les manuscrits que contenait l'abbaye de
« St-Bertin, furent pour la plupart livrés aux flammes. »
Le catalogue des manuscrits de cette docte abbaye nous a été donné par un de ses derniers religieux, et nous avons pu alors constater facilement les pertes éprouvées par ce précieux dépôt. L'on pourra en juger par la notice concernant cet ancien catalogue. 1

---

1 N° 813 des manuscrits de la bibliothèque de St-Omer.

Bertini sancti monasterii catalogus manuscriptorum.... in-folio du dix-septième siècle, sur papier, de 75 feuillets, où l'on voit par ordre alphabétique les titres sommaires des manuscrits de l'abbaye, à l'époque probable du retour de la ville de St-Omer à la domination française. — En marge se trouve l'indication précieuse des anciens numéros d'ordre de ces manuscrits reproduits d'ailleurs en tête du premier feuillet et sur le dossier des volumes. — Le dernier numéro ainsi indiqué est le numéro 771; mais ce qui est assez surprenant, 27 numéros sont omis dans cette nomenclature, lesquels, à l'exception de 5, se trouvent encore néanmoins à la bibliothèque de St-Omer. — Sir Thomas Phillipps a laissé quelques notes sur ce catalogue. — Le *Messager des Arts de Gand* observait récemment avec justesse que chaque pays avait eu, en quelque sorte, de ces abbayes à part, dépositaires privilégiées des richesses littéraires d'un autre âge, mais qu'il était malheureusement à regretter que lors de la suppression des ordres monastiques, les catalogues des manuscrits se fussent égarés. — La renommée littéraire de l'abbaye de St-Bertin est suffisamment

La Bibliothèque du chapitre de Notre-Dame de St-Omer, composée par les soins éclairés des chefs de la collégiale, et augmentée principalement des riches collections des Blaséus et des Valbelle ainsi que des libéralités de plusieurs évêques studieux, jouissait aussi de quelque renommée; « l'évêque nous mena, raconte dom Martenne, à la bibliothèque de sa cathédrale qui est assez « bonne, où nous trouvâmes de fort beaux manuscrits. » Dom Berthod s'exprime en ces termes sur cette bibliothèque : « Depuis longtemps le chapitre de l'église de la cathédrale a rendu publique une collection de livres assez considérable, et assigné certains jours où tous les lecteurs peuvent se rendre pour s'instruire dans les différents ouvrages qui composent cette bibliothèque. Le vaisseau est spacieux et rempli d'une quantité de bons livres, mais on pourrait encore y mettre

---

connue..... Le grand Cartulaire constate les divers ordres donnés par les abbés pour la confection des manuscrits; les sièges, les incendies durent en diminuer le nombre; en 1487, le maréchal Desquerdes enleva beaucoup d'ouvrages de la bibliothèque de St-Bertin; ses manuscrits furent recherchés par Foppens (archives du nord) et visités par les bénédictins de St-Maur et l'abbé Lebœuf. (Ils furent extrêmement utiles à Malbrancq et aux historiens de la Morinie.) Ils la trouvèrent remplie d'un très-grand nombre de manuscrits fort anciens; ils donnèrent principalement leur attention à ceux de saint Basile, de saint Ambroise et de saint Grégoire (du huitième siècle), au manuscrit d'Eusèbe de Césarée (dixième siècle) et au psautier Glossé contenant quelques dissertations en vers sur les signes célestes (dixième siècle). Sir Thomas Phillipps, M. Vitet, et la société de l'histoire de France ont rendu un dernier hommage à leurs débris. — Dans quelques abbayes, les moines avant de se séparer au moment de la révolution, se partagèrent les livres les plus précieux de leurs bibliothèques.... Nous ne pensons pas qu'il en ait été ainsi à St-Bertin; nos impatients amateurs de lumières leur épargnèrent ce soin. — Dom Berthod a donné dans les mémoires de l'académie de Bruxelles un petit tableau plus ou moins exact de l'état de la bibliothèque de St-Bertin vers l'an 1104... Il n'y comprend que 178 manuscrits; le n° 813 nous met à même de juger à peu près de ses richesses en ce genre avant sa suppression; comparé avec le catalogue actuel, il en résulte que 237 n°s manquent à l'appel.... Dans ce nombre, toutefois, 79 existent encore à la bibliothèque de Boulogne, et le n° 258 se trouve inscrit à la *bibliotheca hulthemiana*. On avait constaté cependant le 6 août 1794 que le catalogue de l'abbaye de St-Bertin contenait 721 manuscrits et 4,749 volumes imprimés, plus, un supplément de 317 volumes.

La bibliothèque de St-Omer possède maintenant 534 manuscrits de celle de St-Bertin (formant 520 n°s à cause de plusieurs n°s portés sur un même volume) en y comprenant 10 manuscrits donnés par l'abbé Poot, et indépendamment de 11 volumes provenant des archives de l'abbaye et non catalogués au recueil n° 813.

un meilleur choix et une suite plus intéressante dans les différentes classes. Parmi ces livres, j'aperçois aussi plusieurs manuscrits copiés dans les onze et douzième siècles.... » Il ne nous reste aujourd'hui de cette bibliothèque que 95 manuscrits compris ceux de l'évêque Blaséus, et du séminaire diocésain. — Il est question des manuscrits de la cathédrale de St-Omer dans Sandérus, Deneufville, Malbrancq, Crapelet.... Il y en avait un composé par Haimin, écrivain du neuvième siècle, à la louange de St-Vaast. — On constata le 8 mai 1795 que cette bibliothèque contenait 3,940 volumes imprimés.

Disons un mot de la bibliothèque de l'abbaye de Clairmarais qui avait une réputation presque égale à celle de l'abbaye de St-Bertin.

La bibliothèque de Clairmarais fut établie sur de nouvelles bases en 1527. — Pendant le siège de St-Omer de 1638, une partie de cette bibliothèque fut brûlée par les Français. — Les scellés y furent apposés le 21 mai 1791. — Le nom du monastère se trouvait au commencement ou à la fin de chaque manuscrit : *Claromaresch*. Sur l'un des couvercles, on apercevait ordinairement une légère bande de vélin sur laquelle était écrit le titre du livre, et cette bande était couverte d'une corne transparente et entourée d'une petite lame de cuivre. Les reliures de ces manuscrits étaient extrêmement solides ; elles consistaient en planches de chêne, revêtues de peaux de sangliers. Sur les couvertures intérieures, on lisait fréquemment des anathèmes contre ceux qui déroberaient les volumes de l'abbaye, des sentences en distiques, des prières pour les transcripteurs, ou l'indication de quelques portions de vins à accorder aux écrivains. Malbrancq s'est servi avec fruit de la vie des saints de cette abbaye. Hennebert, a puisé utilement aux sources historiques de cette bibliothèque. Les manuscrits de Clairmarais avaient été transportés au refuge de l'abbaye à St-Omer pendant la campagne de 1710 ; c'est là que les bénédictins de la congrégation de St-Maur les visitèrent peu d'années après dans leur voyage littéraire. Ils y remarquèrent surtout la célèbre généalogie des comtes de Flandre qu'ils imprimèrent ensuite dans le troisième volume de leurs anecdotes. Lors de sa spoliation, elle contenait 2,324 volumes imprimés, et 270 manuscrits. D'après un recensement définitif, 117 de ces manuscrits subsistent encore à la bibliothèque de St-Omer.

Il ne nous reste que 32 manuscrits de la Chartreuse de Longuenesse ; elle était réputée pour en posséder un grand nombre et de fort curieux. Les Chartreux étaient connus généralement pour s'adonner au travail avec une extrême opiniâtreté ; ils avaient, nous le pensons, les plus précieux de nos manuscrits, mais peu de mois avant la paix de Vervius, la plus grande partie de la bilbliothèque de cette communauté fut malheureusement brûlée par une horde de pillards.

La bibliothèque du séminaire diocésain, converti depuis en magasin militaire, à laquelle étaient attribués au moins 4,000 articles ; celles des Dominicains, d'où sont sortis tant d'écrivains recommandables, et du célèbre collége anglais à St-Omer, étaient également fort estimées.

« Le collège anglais de St-Omer possédait une impri« merie bien garnie. Sa bibliothèque était la plus riche
« de celles de la ville. Elle fut entièrement dilapidée par
« les savants de 1793. Les réclamations qui eurent lieu
« à diverses reprises par les anciens administrateurs de
« cet établissement furent toujours sans résultat, car
« lorsqu'après la restauration M. Tuite voulut se livrer
« dans l'intérieur de la bibliothèque communale, à la
« reconnaissance de quelques ouvrages qui avaient ap« partenu à sa maison, il n'y découvrit qu'un tas de bou« quins anglais qu'il ne prit pas même la peine d'em« porter. 1 » Les manuscrits autographes de Jacques II avaient été déposés dans ce collège au commencement de la révolution.

L'assemblée nationale, par son décret du 14 novembre 1789, avait attribué aux municipalités les plus voisines, les livres et manuscrits des ordres supprimés, et les bibliothèques qui s'organisèrent par suite de cette mesure, « durent nécessairement se ressentir, comme
« toutes nos autres institutions, de la mutabilité de nos
« formes politiques, et de la force impérieuse des cir« constances. 2 ».

Diverses lois et instructions de 1790 et 1791 prescrivirent un travail général pour parvenir à connaître nos richesses littéraires, et une ordonnance du 4 janvier 1792 décida que ce travail serait continué et mis à fin.

---

1 Revue anglo-française. N° 19.
2 Rapport de M. Buchon.

Un décret du 27 janvier 1794 arrêta la formation d'une *bibliothèque publique* dans chaque district; et le 31 août suivant une autre loi recommanda ces monuments de science et d'art à la sollicitude des autorités locales et des habitants.

Notre dépôt littéraire fut donc formé nécessairement de la réunion de tout ce que l'on put sauver des bibliothèques des ci-devant communautés religieuses. MM. Boubers et Spitalier furent nommés commissaires par arrêté du district du premier mars 1794 pour effectuer cette opération qu'ils commencèrent deux jours après.

Le 8 de ce mois, ils se rendirent à la bibliothèque de St-Bertin pour faire le triage des livres qu'elle pouvait encore contenir. Indépendamment de ceux qui avaient appartenu à l'abbaye, ils trouvèrent encore dans le même vaisseau les collections de huit autres établissements. Ils furent autorisés alors à vendre à un fabricant de cartes pour la somme de *dix livres*, 4 à 500 volumes pourris par la pluie. Le même triage eut lieu ensuite à l'égard du chapitre de Notre-Dame, du collége anglais et du collége français.

Le 21 avril suivant, le district fixa le placement de la *bibliothèque nationale* au collége français, dans la salle au-dessus des classes, avec ordre de disposer à cet effet la boiserie de St-Bertin de la manière la plus convenable.

Le 27 mai 1794, l'agence de la conservation des armes et des munitions de guerre fit parvenir à St-Omer de l'arsenal de Paris, l'avertissement suivant : « le service « de l'artillerie a le plus pressant besoin de parchemins « pour la fabrique des gargousses..... Il faut réunir tous « les parchemins que vous pourrez vous procurer des « églises, maisons religieuses, colléges et tribunaux, « pour les ports et arsenaux. » Cet ordre fut exécuté. Déjà le 18 du même mois, on avait envoyé à l'arsenal pour ce but 34,892 volumes, et on pense bien que dans cette immense spoliation (le récépissé existe encore), il devait se trouver une quantité de manuscrits précieux.— « On chargeait alors nos canons avec notre vieille gloire. »

« Vous recevrez sous peu de jours, disait-on alors, « un plan d'organisation de bibliothèque d'après de nou- « velles bases; » et quelque temps après, le ministre de l'intérieur fit savoir que les ouvrages de *théologie, qui ne doivent pas trouver de place dans un dépôt littéraire*, seraient portés en pure perte sur le catalogue.

Chose étonnante, tout ce qui rappelait le christianisme, à cette affreuse époque, causait une terreur panique ; on sentait sans doute que le pouvoir de son génie n'était pas chose accomplie comme les Dieux surannés de Julien l'Apostat !

A la fin de 1795, lors de la discussion relative à la création des écoles centrales, la commune de St-Omer en sollicitant cette faveur, fit valoir « qu'il se trouvait en « cette ville de quoi former une très-belle bibliothè- « que.... » On sait que cet avantage fut accordé à Boulogne qui fut autorisé, conformément à la loi du 25 octobre, à puiser dans les divers dépôts des districts de ce département pour s'approvisionner de tout ce qui lui était nécessaire.

Le 8 mai 1795, les commissaires au dépôt avaient envoyé au district un état des diverses bibliothèques, et cinq jours après, la situation de ce dépôt avait été soumise au représentant Jard-Panvilliers.

L'ouragan du 16 novembre 1795 occasionna des dégats à la couverture du collége de St-Bertin, et exposa à de nouvelles détériorations la bibliothèque nationale, en proie aux vers et à la poussière.

Par ordre supérieur, le travail des catalogues fut suspendu le 27 avril 1796, et les scellés apposés sur les portes du dépôt. Ces scellés furent levés le 26 juillet suivant ; et M. Spitalier chargé de nouveau des mêmes fonctions, fit quelques jours après le triage des livres de l'arsenal. On y avait envoyé sans choix tous les ouvrages tant anciens que modernes qui avaient trait à la religion, et l'on reconnut qu'ils pouvaient être encore de quelque valeur.

Le 17 septembre 1796, le garde-magasin des vivres écrivit à ses supérieurs pour empêcher l'exécution de la vente du collége de St-Bertin, « où se trouvaient alors, « dit-il, dans une partie des bâtiments, plus de « 60,000 volumes destinés à la bibliothèque publi- « que.... » Cette évaluation est extraordinaire et l'exagération est manifeste ; que serait donc devenue cette vaste collection ? il est vrai que plusieurs restitutions légitimes avaient été faites ; que le 13 avril de cette année une commission avait été chargée de faire rentrer les *livres absents* ; et que le 10 février de l'année précédente, selon le rapport des conservateurs du dépôt littéraire, « les souricières et les chats en avaient détruit une im- « mense quantité.... Que l'on dispose donc, au plutôt,

« ajoutaient-ils, le local désigné pour la bibliothèque
« publique, car tous les jours nous apercevons de nou-
« veaux et inappréciables dommages... après quatre an-
« nées de vandalisme ! »

Cependant l'évacuation du collège de St-Bertin étant
toujours vivement sollicitée, l'administration avait rendu
le 3 novembre 1797 un arrêté concernant le transport du
dépôt, en prenant toutefois les précautions nécessaires
pour éviter le mélange des livres ; et le 23 février suivant, des commissaires furent désignés pour visiter le
collège français, à l'effet d'y trouver enfin un local sa-
tisfaisant.

En vertu d'une commission du département du
30 juin 1798, M. Isnardy, conservateur de la bibliothèque centrale, fouilla dans nos richesses littéraires tout
ce qu'il crut propre à embellir l'établissement qui lui
était confié. Son procès-verbal, commencé le 26 juillet
et clos le 18 août, constate qu' « il a déplacé et replacé
les livres au nombre à peu près de 40,000 » (que sont-ils
donc devenus?) et qu'après examen, il a choisi 247 articles parmi les ouvrages imprimés formant 526 volumes,
et en outre 85 articles *manuscrits*. Un enlèvement non
moins préjudiciable fut pratiqué en même temps dans
la bibliothèque d'Arras. Depuis quelques années, cette
mesure despotique a été l'objet des plus vives réclamations. Le *Courrier du Pas-de-Calais* (n° 61, 1er octobre
1831) manifesta l'espoir énergique que l'autorité municipale demanderait la réintégration des volumes enlevés
par M. Isnardy. Ensuite, M. Esnault, membre du conseil municipal d'Arras, fit adopter la proposition de ré-
clamer les livres et manuscrits envoyés par cette ville à
la bibliothèque de Boulogne. à St-Omer, la société des
antiquaires de la Morinie, prit l'initiative dans cette matière, à sa séance du 7 août 1835, et l'on peut trouver
dans ses archives des preuves honorables des efforts
qu'elle a tentés pour parvenir à une légitime restitution.

Au commencement de 1799, le bruit s'était faussement
répandu que notre cité devait être dépossédée du
dépôt littéraire que la sollicitude de ses magistrats avait
conservé au milieu des nombreux orages de la révolution ; on aime à considérer en cette circonstance l'una-
nimité touchante des habitans : « S'il est vrai, obser-
« vaient-ils dans leur réclamation, que ce soit de la pro-
« pagation des lumières que dépendent et l'éclat et la

« durée des états, ne devons-nous pas en conclure que
« les autorités établies doivent mettre tout en œuvre
« pour nous conserver tout ce qui doit conduire à ce
« but ? »

C'est encore vers cette époque que le ministre de l'intérieur rendit une décision portant que « tous les cartu-
« laires des ci-devant instituts religieux disséminés de-
« puis leur suppression, devaient être réunis à Paris
« (les *Cartulaires* aujourd'hui si recherchés !) 1. pour
« attester à la postérité ce que l'ambition et l'artifice
« des corporations privilégiées ont obtenu de la crédule
« ignorance de nos pères, et lui faire apprécier en même
« temps l'heureuse révolution qui s'est faite dans l'es-
« prit humain. » Nous ne savons pas encore, nous l'a-
vouons, ce que la postérité a pu penser au juste de cette
déclaration.... « le présent a lui sur le passé.... » Mais
voici ce qui se trouvait dans un mandement de l'évêque
de St-Omer, pour le carême de 1798 : « Les philosophes
« n'ont assouvi leur fureur qu'en mettant en pièces et
« en brûlant les livres qui servaient comme de boussole
« dans la carrière des sciences et des arts. » — « Il ne fal-
« lait aux enfants d'une liberté sans loi et conséquemment
« sans mère, que des bibliothèques et des sépultures
« vides ! » C'est qu'alors il importait au bien de la chose
publique que les vieux livres d'église et les plus larges parchemins fussent dirigés dans les magasins d'artillerie !

Le 19 mars 1799, le ministre de l'intérieur avait fait
connaître à l'administration municipale à quelles con-
ditions la commune devait se soumettre pour être placée
sur la liste des villes qui pouvaient obtenir incessamment
une bibliothèque publique. Un peu plus tard, le 14 juin
1801, le gouvernement fit demander une note exacte
des objets de sciences et arts qui se trouvaient dans les
divers arrondissements du Pas-de-Calais.

Par arrêté supérieur du 13 septembre 1798, tout ce
qui concernait notre bibliothèque, même le traitement du
conservateur avait été placé sous la direction immédiate
de l'autorité locale. Le Conseil des Anciens avait décrété

---

1. « C'est en effet dans les cartulaires comme dans les vies des
saints, qu'est la plus grande partie des éléments d'une géographie
historique de la France au moyen-âge. » (Bulletin de la société de
l'histoire de France; t. 2. p. 171). — « Il arrive souvent que des ecclésiastiques, des antiquaires et des artistes ont grand besoin de consulter les anciennes biographies pieuses ! »

le 25 octobre 1795 que les bibliothécaires étaient assimilés aux professeurs des écoles centrales, avec les mêmes droits et privilèges.

Le 2 mars 1799, les bibliothécaires de St-Omer reçurent l'ordre d'effectuer sur le champ l'enlèvement des livres. 106 Voitures exécutèrent cette opération qui ne fut terminée que le 5 juillet suivant.

MM. Boubers et Spitalier avaient reçu le 1er mars 1794, la commission de faire le triage des livres utiles; le 22 juillet 1796, ils obtinrent le titre de commissaires-bibliographes; le 1er janvier 1799, M. Spitalier ayant été nommé professeur d'histoire à l'école centrale de Boulogne, M. Cauliez fut choisi pour l'adjoint de M. Boubers, bibliothécaire communal; et ces derniers ayant donné leur démission le 3 juillet suivant, nos magistrats, bien inspirés alors, trouvèrent l'occasion favorable d'utiliser le profond savoir d'un ancien membre de la célèbre société des bénédictins de St-Maur.

La nomination de l'abbé Aubin est du 5 juillet 1799. — Pendant sa longue carrière, il fit toujours preuve de patience, de zèle, de travail et d'érudition. — A l'exemple de Gunther, il fut aussi le restaurateur de la bibliothèque publique de St-Omer. — Quel exemple pour ses successeurs!

Le 27 juin 1801, le nouveau bibliothécaire invita l'administration à vendre les livres de rebut et les doubles, et à faire terminer la disposition du local pour y recevoir le complément du dépôt. Cette mesure fut autorisée par arrêté du maire du 3 juillet suivant, et exécutée huit jours après. Le 10 novembre de cette année, des balances furent apportées à la bibliothèque pour une pesée d'une seconde partie de livres de rebut. — Le 6 février 1802, réitération de la même détermination. — Il se trouvait dans ces livraisons des in-folio pour le poids de 40 à 50,000 livres. Le produit de cette aliénation, qui devait naturellement tourner à l'amélioration indispensable de la nouvelle bibliothèque, servit totale-

---

1 Suger, auteur des *Chroniques de St-Denis*, le premier livre imprimé en langue française; Gaguin, comparé à Salluste et qui avait étudié au monastère des Préavins, diocèse de St-Omer, Jean de Beaurain, qui contribua à l'éducation du dauphin, fils de Louis XV, le chroniqueur Molinet, Grosier, conservateur de la bibliothèque de l'arsenal, étaient artésiens. — Scourion et Voisin de Boulogne étaient bibliothécaires à Bruges et à Gand.

ment à solder une créance de 8,400 fr. appartenante à un négociant de Dunkerque qui avait fourni des grains à la ville dans un temps de disette en 1795.

En septembre 1802, comme il se trouvait encore à la mairie un assez grand nombre de livres d'église, excédant les besoins de nos paroisses, ils furent mis à la disposition du maire d'Aire.

Le 14 décembre 1803, le maire de St-Omer jugea à propos de donner à M. Aubin, à cause de ses travaux multipliés dans l'organisation de sa collection, et pour l'utilité des professeurs du collége, un collaborateur probe et éclairé ; il nomma M. Liévens sous-bibliothécaire. Un adjoint est presque indispensable dans une bibliothèque publique fréquentée. Le conservateur (surtout quand il n'y a pas de garçon de salle) peut se livrer alors à des occupations plus sérieuses. La surveillance est plus exacte, la conservation des livres mieux assurée, et les amateurs sont à même de retirer de plus grands avantages d'un établissement qui en ce cas est nécessairement moins négligé, et peut rester constamment ouvert, même en vacances. C'est d'ailleurs une garantie de permanence pour le public qui serait privé des ressources littéraires qu'une bibliothèque renferme, si celui qui en a la direction s'en éloignait forcément par quelque maladie passagère qui ne pourrait jamais, sans une souveraine injustice, motiver son remplacement. Aussi y avait-il, avant M. Aubin, deux bibliothécaires. — M. Liévens n'exerça ses fonctions que jusqu'au 22 septembre 1812. — Des sous-bibliothécaires sont attachés aux bibliothèques de plusieurs villes du Nord et du Pas-de-Calais.

---

1 Ceci était déjà écrit en 1831 : — Étions-nous alors prophète ? Nous reçûmes récemment du maire de St-Omer, un certificat, en date du 27 juillet 1839, où se trouvent ces mots : « Nous...., etc., certifions que M. Piers Hector-Beaurepaire, né en cette ville le 28 décembre 1793, nommé bibliothécaire-adjoint le 5 janvier 1827 et titulaire le 31 du même mois, remplacé le 30 mai dernier, n'a cessé de remplir cette fonction que par suite d'un état continu de maladie qui le mettait désormais dans l'impossibilité de la remplir ; que pendant son exercice il a toujours mérité les éloges de l'autorité par son zèle assidu comme par sa capacité. » — Le *Guetteur* (n° du 14 novembre 1838) et le *Mémorial Artésien* (n° du 22 novembre 1838) annoncèrent que M. Noël, professeur de philosophie au collége de St-Omer, remplissait par *intérim* les fonctions de bibliothécaire. L'*Audomarois* (n° du 17 novembre 1838) s'exprima ainsi : « M. Noël, professeur de philosophie au collége de cette ville, vient d'être chargé des fonctions

Le 19 juillet 1804, le maire sollicita l'autorisation d'une nouvelle aliénation de livres de rebut ; « je pense « qu'il convient de les vendre, disait-il, pour enrichir « la bibliothèque d'ouvrages modernes. » On se débarrassa alors de 3,000 volumes ; ils rapportèrent 1,976 fr. qui furent cette fois utilement employés.

Cependant, l'instruction publique, sécurité de la société, commençait à se réorganiser avec éclat, et ses bienfaits se répandirent de nouveau sur la France abasourdie des lumières révolutionnaires. On songea enfin à l'ouverture de la bibliothèque publique ; on fit valoir avec raison que c'était un besoin urgent pour cette cité remarquable par ses institutions, et ordinairement le sé-

---

de bibliothécaire par *interim*, en attendant que le titulaire soit guéri et puisse reprendre les devoirs de sa place. — Depuis lors, les trois journaux de St-Omer se turent sur ce sujet. — Nous pouvons donc présumer que l'*intérimaire* est devenu tout-à-coup le titulaire. — Nous avons au reste à nous féliciter d'avoir été remplacé par le premier poète du Pas-de-Calais, après Scribe et Ste-Beuve, l'ami de Victor Hugo ; mais nous ne pouvons approuver ce cumul dans les emplois communaux ; et puis, un bon professeur de philosophie, peut-il être en même temps un exact et laborieux bibliothécaire ? — « Le cumul est peu admissible pour un bibliothécaire qui veut remplir sa place avec conscience et nuit inévitablement à la bibliothèque et aux intérêts du public qui la fréquente. » (La *Bibliothéconomie*. p. 19.) — Et cette *bonne ville* de St-Omer, quoi donc, dans ses sociétés savantes elle n'a pas d'enfants capables, pour se résigner ainsi à un étranger déjà rétribué ? *primo avulso..., deficit alter !*

Chose étrange, aujourd'hui, son journaliste le plus éloquent et le conservateur de sa bibliothèque publique sont tous deux de la ville d'Eustache de St-Pierre, et *tous deux* sans doute ont rendu hommage au dévouement de ce grand citoyen ; et celui qui par ses sentiments distingués, ses brillantes connaissances, de même que par sa belle position sociale, a donné la vie et la renommée aux antiquaires morins, lui si éloquent, si pathétique, lorsqu'il étalait naguère aux yeux des citoyens audomarois, le monument de huit siècles de leurs libertés civiles, la charte synallagmatique de Guillaume Cliton, lui aussi est un enfant adoptif de la cité de St-Omer ! Que ne faisait-elle au moins comme il y a un demi-siècle environ : le 28 novembre 1794, c'était le bon temps alors : une proclamation communale invita tous les gens de lettres à aller se faire inscrire à la municipalité, et il s'en est présenté, gardez-vous d'en douter ! mais c'est qu'apparemment à St-Omer, comme vient de nous l'apprendre l'*Audomaroise* (n° du 7 septembre 1839,) l'on « est toujours en arrière des cités voisines.... » et que « cette ville classique du paupérisme » selon l'expression du *Mémorial artésien*, cette ville aux chronogrammes, « n'est pas une « bonne ville pour les artistes, » voire pour les littérateurs indigènes ; « suez donc, maintenant ! » Au surplus, qui ne sait que trop souvent dans ce monde, « la force brutale l'emporte sur la justice et les droits « les plus sacrés ? » — « Un malheur ne vient jamais seul. »

jour d'une nombreuse garnison ; et l'on demanda vivement l'approbation d'un devis d'environ 6,000 francs pour les travaux nécessaires au nouveau local. Cette opération fut commencée le 10 septembre 1804. Les bois provenant du *chapitre* servirent au fond des armoires de chaque trumeau ; à cette époque, on laissa dans un coin ignoré une quantité de livres anglais et d'ouvrages élémentaires destinés à une vente ; ils furent longtemps oubliés, mais ils ne furent pas perdus.

Une commission avait été nommée ; elle activa la confection des dispositions principales. Le 17 août précédent, le préfet avait rendu un arrêté qui autorisait cette commission à faire de la bibliothèque « un monu-
« ment digne de fixer les regards des étrangers. »

Par arrêté du gouvernement du 28 janvier 1803, les bibliothèques des écoles centrales et les autres collections de livres avaient été confiées à la surveillance des municipalités, comme les possédant avant ou depuis la révolution. Ce fut le sort de la bibliothèque de St-Omer dont l'ouverture se fit probablement au commencement de 1805.

En ce temps-là, M. Aubin s'exprimait ainsi :

« Le projet que vous avez exécuté d'avoir une biblio-
« thèque municipale, est digne des magistrats qui tien-
« nent les rênes de notre administration, et sera un mo-
« nument de leur goût pour tout ce qui peut contribuer
« à étendre les lumières de l'esprit humain. » — Puissent nos autorités locales comprendre toujours aussi justement la nature paternelle de leurs fonctions !

On trouve cette réflexion juste mais pénible dans le rapport de M. Buchon :

« Les villes qui avaient demandé des bibliothèques
« publiques ne les eurent pas plutôt obtenues, qu'elles
« cessèrent d'y attacher de l'importance, n'y trouvant
« d'ailleurs que des ouvrages théologiques, des ouvrages
« d'érudition ou de science déjà vieillis... Quelquefois,
« quand le fonds annuel était voté au budget de la com-
« mune, les besoins impérieux d'une guerre sans fin, ou
« toute autre raison, faisaient supprimer l'allocation par
« l'autorité départementale ou ministérielle... » La bibliothèque de St-Omer eut à supporter aussi la plupart des inconvénients que nous venons de signaler. C'était avec grande peine qu'elle avait pu obtenir l'emploi du devis de 6,000 fr. environ relatif à son embellissement, le conseil municipal ayant décidé d'abord, en 1804, qu'elle

pouvait, jusqu'à ce qu'elle ait été pourvue d'ouvrages modernes, rester dans l'état actuel, et en ce cas elle n'était que trop menacée d'y rester long-temps! Néanmoins ou se détermina, le 1er mai 1803, à vendre le reste des livres de rebut, dont le produit sans doute servit à quelques utiles acquisitions.

Vers cette époque le principal du collège fut autorisé à tirer de la bibliothèque les ouvrages doubles qui étaient nécessaires à ses professeurs. — Alors, l'entrée de la bibliothèque était par le perron des classes; cet accès désagréable dura jusqu'en 1807.

Le 23 septembre 1804, la rédaction du catalogue avait été prescrite. Dès le mois de novembre 1799, M. le duc de Larochefoucauld avait, à ce sujet, adressé partout deux instructions aussi claires que détaillées; et toutefois, on lit avec surprise dans le rapport de M. Buchon qu'en 1828 « le petit nombre des catalogues en-
« voyés ne sont, même pour la plupart, que des inven-
« taires confus où il est impossible de se reconnaître. »

En 1796, M. Spitalier avait commencé ce long travail pour notre collection, et s'était offert de l'achever par zèle pour le progrès des sciences.

Le 26 avril 1799, l'administration avait déjà arrêté qu'il serait procédé à la rédaction d'un catalogue.

Lors de la formation du budget de 1807, le gouvernement voulut avoir une notice spéciale sur les dépôts littéraires; et M. de Champagny, ministre de l'intérieur, par sa circulaire du 22 septembre 1806, pressa la confection des catalogues.

Le 31 décembre suivant, M. Lesergeant d'Isbergue, qui venait de reprendre les rênes de l'administration locale, s'exprimait de cette manière sur la circulaire précitée : « Cette ville, avant la révolution, avait de nom-
« breuses bibliothèques.... l'on trouve encore dans les
« débris qui nous en restent des ouvrages estimés dans
« tous les genres; et l'on pourrait encore avec raison
« appeler notre collection le précieux répertoire des
« magistrats, des professeurs d'écoles publiques et parti-
« culières, des militaires, des ecclésiastiques et des ar-
« tistes, si elle ne manquait malheureusement d'ou-
« vrages modernes.... le catalogue n'attend pour être
« livré à l'impression que l'approbation du budget de
« 1807 qui affecte des fonds *ad hoc*. La ville sollicite toute
« la bienveillance du gouvernement en faveur de la bi-
« bliothèque. Ses ressources financières lui permettront

« d'appliquer quelques fonds pour son développement,
« avec d'autant plus de raison qu'il ne tend qu'à la pro-
« pagation des lumières et aux progrès de la littérature
« et des beaux-arts. »

Le 30 Mars 1807, le préfet fit savoir qu'il ne pouvait autoriser l'impression de ce catalogue, mais il prescrivit d'y employer force écrivains pour en activer l'envoi. Lors de la discussion du buget de 1808, on réitéra le vœu de l'impression du catalogue, et on sollicita en même temps l'allocation d'une somme de 2,400 francs pour acquisitions indispensables.

Le 28 mai 1807, deux expéditions du catalogue de M. Aubin furent remises aux autorités administratives.

La *Feuille de Saint-Omer* (N° du 13 mai 1809) appuya le désir des amis des lettres de cette ville pour l'impression, alors vivement sollicitée, de cet important recueil.

Cette demande fut renouvelée à diverses reprises par le conseil municipal. « L'impression, disait-on en 1811, « est le seul moyen de multiplier le titre de propriété de « la ville, tellement que chacun en soit, pour ainsi dire, « le dépositaire. » — On fit également la proposition, à cette époque, de faire apposer sur tous les volumes les armoiries de la ville.

M. Aubin mit la dernière main à son catalogue à la fin de 1822; il dédia son œuvre à la commune, et par sa délibération du 14 mai 1823, le conseil municipal en ordonna le dépôt à la bibliothèque publique, ce qui fut exécuté le 31 du même mois. L'auteur ne tarda pas à recevoir un témoignage de bienveillance et d'encouragement de la part du préfet. Déjà le conseil municipal lui avait voté justement une indemnité de 1,200 fr.

L'assentiment de l'autorité supérieure enflamma M. Aubin d'un nouveau zèle, et lui inspira le noble désir de le mériter encore davantage. Rien d'étonnant :
« L'exemple des récompenses est un aliment pour la
« vertu, et il n'est personne qui ne cherche à parvenir à
« la perfection morale, s'il voit qu'aucun de ceux qu'il
« a loués dans sa conscience n'est privé de distinction
« publique 1. »

Le Catalogue de M. Aubin était tout disposé pour l'impression, mais il lui fut impossible, malgré les dispo-

---

1 Cette maxime est d'un roi goth ; mais aujourd'hui, « le monde
« vieillit (comme le disait déjà Frédégaire) et la pénétration et le ju-
« gement s'affaiblissent en nous. »

sitions favorables de l'administration locale, de faire exécuter cette grande entreprise, pour laquelle on demandait une somme énorme en 1816. — L'impression des catalogues des bibliothèques communales est réclamée généralement ; c'est un des besoins de notre époque.

La rédaction des catalogues de St-Omer, fruit de plus de vingt années d'études et de recherches, fut trouvée remarquable par l'ordre, la clarté et la profonde érudition. Elle est faite d'après le système de Debure et de Brunet. Dans une même série de numéros dont le dernier est 4,376, ce catalogue comprend les cinq divisions bibliographiques dans trois volumes, petit in-folio ; il est terminé par la partie supérieurement traitée des manuscrits d'après le même plan, et par l'indication des éditions des 15e et 16e siècles. Voici à l'égard du système de classification l'opinion du savant Monteil :

« Je conseille à tous les possesseurs de grandes biblio-
« thèques, et à tous les bibliothécaires des bibliothèques
« publiques de classer sa bibliothèque suivant le système
« des diverses parties de l'ordre social. S'ils ne le font
« pas, leurs successeurs leur reprocheront de ne pas l'a-
« voir fait, car la peine sera alors bien plus grande. »

En 1810, on fit au local de la bibliothèque des réparations extraordinaires. — Le 8 mars 1811, l'établissement reçut 47 volumes provenant des doubles de la bibliothèque de Boulogne, qui le 13 mai 1812, lui fournit encore environ 60 volumes dépareillés, pour servir de compléments.... compensation dérisoire de l'enlèvement de 1798 ! — Une circulaire ministérielle du 19 novembre 1812, enjoignit la formation détaillée d'un tableau de situation des bibliothèques publiques : on déclara que celle de St-Omer contenait 11,423 volumes dont 867 manuscrits, en outre 4,000 volumes de rebut à dépouiller, garnissant des rayons provisoires, en attendant toujours des ouvrages modernes. En adressant ce tableau à l'autorité supérieure, le 29 janvier 1813, le maire de cette ville s'exprimait ainsi ; « Je dois vous observer, quant à
« l'entretien et l'achat des livres, qu'il serait à désirer
« que l'on accordât une somme annuelle de 600 francs
« pour cet objet, vû l'importance de cet établissement
« si précieux ; ce serait le moyen de contribuer à l'aug-
« mentation de cette bibliothèque qui est fréquentée
« par des hommes instruits dans tous les genres.

Le 15 avril 1816, le bibliothécaire reçut l'ordre de remettre les livres qui provenaient du collège anglais — en 1809, une réclamation semblable avait déjà été faite par l'entremise de M. Merlan-Dourlens, mandataire de M. Walsh. — Le catalogue de la bibliothèque du collége anglais était resté égaré. — Au commencement de la restauration, l'on avait aussi fait d'équitables remises à d'anciens propriétaires spoliés. L'on s'était rappelé alors seulement qu'en avril 1797, le généreux Marmontel avait fait au Conseil des Anciens un rapport sur la restitution des bibliothèques confisquées.

Pendant les malheurs de 1815, on s'était vu contraint de remettre à l'autorité militaire le grenier au-dessus de la bibliothèque, pour y déposer des farines. Ce grenier, fortement encombré, pouvait s'enfoncer et causer aux livres un dommage considérable; on parvint à le faire évacuer à propos. Ce lieu ne doit jamais être chargé par un poids trop massif, car il est évident qu'un grand affaissement se fait apercevoir au plafond, non loin de la salle, et un jour ou l'autre, il pourrait écraser le musée naissant. Quelques années se passèrent sans apporter aucun changement notable à la bibliothèque de St-Omer.

Le 18 août 1823, le maire recommanda vivement la bibliothèque au préfet, en le priant de rappeler au ministre de l'intérieur qu'il était de toute équité de la dédommager enfin de la négligence qui l'avait longtemps frappée. Le ministre témoigna alors le désir que l'on fît choix d'un correspondant pour retirer et envoyer directement les ouvrages accordés.

Le 26 juin 1823, on acheta au prix de 860 francs, le *Voyage pittoresque de Constantinople*, l'un de nos plus beaux ouvrages. — Le 1ᵉʳ mai 1826, la bibliothèque s'enrichit de l'indispensable recueil de dom Bouquet, et des précieux ouvrages de Montfaucon.

En mai 1820, l'administration avait souscrit à la description de l'Égypte, édition Panckoucke; « il serait à « désirer, lit-on dans le rapport à ce sujet, que chaque « budget fît un fonds qui remplirait peu à peu de fâ-« cheuses lacunes. » Ces belles planches ne furent déposées que le 29 octobre 1827. Exposées longtemps à des explorations étrangères, elles ont un besoin urgent d'une restauration soignée.

M. Aubin, accablé de vieillesse et d'infirmités, quitta définitivement, le 31 janvier 1827, l'établissement où il avait passé environ trente années de sa carrière et qui

resta toujours le plus vif objet de ses affections. — Il fut nommé alors bibliothécaire honoraire. « Nous satisfai-
« sons à la considération publique qui vous est acquise,
« lui déclara-t-on à cette occasion, en vous accordant
« ce titre. »

Son traitement, primitivement de 600 francs, fut porté à 800 francs en 1813, et à 1000 francs, après la restauration.[1] « Le traitement d'un bibliothécaire instruit,
« disait M. le maire, en 1811, lors de la discussion du
« budget, ne peut être celui d'un simple commis. »

Le traitement du conservateur devrait être au moins de 1,200 francs, comme celui d'un professeur de quatrième.

« Tout ce qui peut contribuer à épargner du temps et
« des recherches aux gens de lettres, ne saurait man-
« quer d'être accueilli avec quelque intérêt. » C'est pourquoi le successeur de M. Aubin s'empressa de rédiger un catalogue des ouvrages imprimés par ordre alphabétique des matières, ainsi qu'une table des auteurs. — Il fut dressé un supplément sommaire au catalogue méthodique de M. Aubin. — Indépendamment du registre d'ordre (dont le double se trouvait à la mairie avant son envoi au ministère pour les 4,376 n°s de la gestion de M. Aubin), il fut encore établi un *indicateur* de la position matérielle de tous les ouvrages, dont l'utilité est incontestable à cause de la confusion réitérée que de fréquentes mutations peuvent introduire dans un local restreint. — Les moindres changements, les nouveaux ouvrages étaient exactement constatés sur ces registres; mais commencés depuis près de deux lustres, ils allaient éprouver le besoin, à cause des nombreux incidents survenus depuis la retraite de M. Aubin, d'une refonte générale et de quelques dispositions pour l'avenir. — On fit aussi une liste des doubles, des incomplets, des dépareillés non portés au catalogue, des Elzevirs et Aldes, des éditions rares, des auteurs Audomarois, des historiens de la contrée, des donateurs.... On se proposait d'y ajouter celle des anonymes, et de confectionner des tables aux trois volumes de M. Aubin. — Déjà la publicité avait eu lieu pour les augmentations et améliorations annuelles. — Dans l'intérêt de la bibliographie

---

[1] Le traitement du concierge d'abord de 60 francs, fut porté à 100 francs en 1827, et il lui fut alloué en outre 25 francs pour l'apport d'un chauffe-pied.

artésienne, l'on avait aussi formé un tableau de tous les ouvrages imprimés dans les villes du Pas-de-Calais. Il serait à désirer qu'un extrait semblable fût tiré des catalogues des autres bibliothèques du département.

M. Aubin a rendu un service signalé aux lettres par la rédaction de son catalogue des manuscrits de la bibliothèque de St-Omer. « On ne s'est point borné, dit-il
« dans sa préface, à en présenter simplement le titre,
« on y a joint des notes et des observations dans lesquelles,
« quoique courtes et succintes, on s'est attaché autant
« qu'il a été possible, à en fixer l'âge, et à faire entrer
« tout ce que le sujet renferme de plus curieux et de
« plus intéressant, soit du côté de l'histoire, soit du
« côté du rapport qu'il peut avoir avec les sciences » — ce catalogue restera toujours comme un souvenir respectable de sa longue administration.

Les catalogues des manuscrits sont aussi rares que sont nombreux ceux des ouvrages imprimés. — A la fin de 1827, nous remîmes, au docteur Hœnel de Leipsick, une copie de notre catalogue sommaire des manuscrits ; il l'inséra dans sa publication curieuse et extraordinaire de toutes les collections de manuscrits du royaume [1].

Peu de temps après, le baronnet sir Thomas Phillipps, de Middlehill, près Oxford, fit imprimer, à ses frais, cette notice sommaire de nos manuscrits, en même temps qu'il publia les catalogues des manuscrits des bibliothèques de Lille et d'Arras.

Un double de notre petit catalogue (1827), le premier qui ait été publié dans cette contrée sur les manuscrits, a été immédiatement déposé à la mairie pour la responsabilité du conservateur.

Le généreux Phillipps reçut à cette occasion une récompense bien flatteuse de son zèle pour l'extension de la science : « il serait à souhaiter que chaque ville publiât un catalogue semblable : nous connaîtrions nos richesses, et nos historiens pourraient puiser à des sources inconnues ou négligées jusqu'à ce jour. » (Lettre de M. Aimé Martin, du 20 avril 1829.) — « Je vous prie
« de remercier M. Thomas Phillipps de son estimable
« présent ; il a rendu un vrai service aux lettres en im-

---

[1] Bulletin de la Société de l'histoire de France, tome 2, page 379.

« primant ce catalogue. » (Lettre de M. de Châteaubriand, du 3 décembre 1829. 1)

Le congrès scientifique de Douai avait imposé, en quelque sorte, aux bibliothécaires l'obligation de publier un catalogue raisonné de leurs manuscrits.... Nous avons revu avec une scrupuleuse attention tous les manuscrits de la bibliothèque de St-Omer, l'une des bibliothèques de France les plus riches en manuscrits anciens, et nous en avons rédigé un nouveau catalogue raisonné. 2 A l'exemple de ce qui s'était pratiqué à la bibliothèque d'Arras, nous avons compté tous les feuillets de vélin de ces manuscrits, malgré la grave incommo-

---

1 Les manuscrits de sir Thomas Phillipps sont visités à Middlehill par les savants et les étrangers les plus distingués. Il a fait imprimer le catalogue de ses manuscrits, dont le nombre s'élevait à 8,000 en 1834. Des fragments de cette collection intéressante pour l'histoire de France ont été insérés dans l'*Indicateur de Calais*, n° 12, et au bulletin de la Société de l'histoire de France, t. 2, p. 440. MM. Vitet, de la Fontenelle-Vaudoré et Leglay ont porté aussi leur tribut d'éloges au savoir de ce diplomatiste, membre du conseil de la *Cambden society*. Sir Thomas Phillips est un homme patient et courageux, toujours en quêtes de vieilles chartes, un vrai dénicheur de manuscrits.

2 Nous déposerons un jour ce catalogue à la bibliothèque publique, si l'on daigne agréer ce souvenir. — Dans la *Revue du Nord* (année 1837) nous avions annoncé la publication du catalogue de ces manuscrits avec l'indication des manuscrits de St-Bertin qui n'ont pu encore être retrouvés.... Nous en avons fait paraître deux extraits, et nous en publierons encore plusieurs. — Un extrait spécial aux manuscrits concernant l'histoire de France a été aussi inséré dans le bulletin de la Société de l'histoire de France. (t. 2, p. 422.) — L'aimable et érudit Paul Lacroix (bibliophile Jacob) nous ayant observé, il n'y a que peu d'années, que la bibliothèque de St-Omer était presque inconnue, et que sans doute elle se trouvait dépourvue de manuscrits, nous avons cherché depuis lors à le détromper, et selon son conseil, nous produisons l'histoire de cette bibliothèque. — L'impression des catalogues des manuscrits est selon nous d'un intérêt incontestable; les manuscrits entrent alors, en quelque sorte, dans le domaine public, et il nous semble qu'ils doivent être communiqués sans restriction; ainsi l'avons-nous toujours fait; l'amateur repoussé crierait à bon droit au privilège qui aujourd'hui ne peut plus subsister; ah! si la France ancienne avait eu la prévoyance de livrer à l'impression chaque manuscrit inédit, elle n'aurait point vu anéantir, dans quelques instants d'égarement, les travaux de plusieurs siècles! A Calais, cette ville si française, l'on vient de proposer une médaille d'or pour le meilleur mémoire ou notice, sur un manuscrit relatif à l'histoire générale ou particulière du département. — L'indication même sommaire des manuscrits inédits concernant l'histoire du pays, serait assurément d'une extrême utilité. — « Que chacun mette la main à l'œuvre, et il ne restera bientôt plus dans nos manuscrits rien d'enfoui et d'inexploré. »

dité d'une poussière presque demi-séculaire, parce que les livres de la bibliothèque de St-Omer, il faut bien le redire, n'ont pas encore été une seule fois battus. Au reste, une bibliothèque est souvent un tombeau, et sans être découragé par le rire moqueur et l'égoïsme insultant de quelques riches fainéants, d'odieux cafards ou de plats parvenus, nous remplissions sans prétention notre modeste rôle de bouquineur de cartulaires, au risque d'être enseveli tout vivant.... — « Il y a des esprits fâcheux faits de telle manière que rien au monde ne peut mériter leur approbation, des esprits tellement tourmentés du besoin de contredire que toute chose est blâmée par eux quoiqu'on dise et quoiqu'on fasse. »

D'après notre dernier recensement, le nombre des ouvrages manuscrits de la bibliothèque de St-Omer est actuellement (1840) de 842, formant 923 volumes.

En voici le tableau de répartition :

    520 de l'abbaye de St-Bertin.
     11 des archives de St-Bertin.
     48 du chapitre de Notre-Dame de St-Omer.
      5 de la collection-Blazéus, évêque de St-Omer.
     42 du séminaire diocésain.
    117 de l'abbaye de Clairmarais.
     32 de la chartreuse de Longuenesse.
     17 du couvent des dominicains.
     15 des jésuites anglais.
      2 de l'abbaye de St-Augustin.
     13 de la collection-d'Hallennes.
      8 de l'hôtel-de-ville.
      7 de diverses donations.
      5 d'acquisitions communales.

842. — Il y en a 13 du 8ᵉ siècle. — Le nombre des manuscrits sur vélin est de 490, comprenant 84,979 feuillets. — Il se trouve dans les autres manuscrits 86,470 feuillets de papier.

Le savant M. Leglay a publié, en 1831, le catalogue des manuscrits de la bibliothèque de Cambrai ; c'est un chef-d'œuvre dans son genre, et il a été honoré, avec raison, des suffrages les plus éminents. — A la fin de l'an dernier, M. Lafuitte, bibliothécaire de Lille, a fait paraître un volume du catalogue de la bibliothèque de cette ville, la partie *sciences et arts*; les notices raisonnées concernant les manuscrits se trouvent à la suite des imprimés et présentent un intérêt soutenu.

En 1828, un ministère réparateur s'occupa avec sollicitude de l'état des bibliothèques publiques ; des explications détaillées furent demandées ; une inspection générale commença dans quelques départements, un dépôt légal fut créé, et tout fit présager des améliorations progressives. En effet, il aurait été injuste, avec cette prévoyante réserve, de laisser les bibliothèques de provinces, pauvres, sans attraits pour les curieux et sans ressources pour ceux qui étudient. — Les prévisions consolantes de M. Buchon furent encore ajournées.

Le 14 juillet 1829, par les soins, et à la sollicitude du bibliothécaire, eut lieu à la bibliothèque publique le transport de la bibliothèque de l'hôtel-de-ville. Elle se composait de 237 volumes, compris onze manuscrits, presque tous in-folio ou in-4°. Ces acquisitions avaient été faites en 1721 et en 1766.

Au mois d'août de la même année, le bibliothécaire fit la découverte de 1947 volumes qui étaient restés entassés derrière les boiseries de la bibliothèque.

Dès 1827, une liste des doubles, ainsi que nous l'avons déjà dit, avait été dressée par le successeur de M. Aubin. L'administration fut vivement sollicitée d'en ordonner la vente ainsi que du reste des livres de rebut. Le conseil municipal adopta la proposition de cette vente le 11 mai 1829. « Le produit, observa-t-on, sera utile« ment employé à l'acquisition d'*ouvrages modernes* dont « la bibliothèque est *encore* dépourvue. »

3958 volumes parurent aux enchères publiques à la fin d'avril 1830. Le résultat net de cette vente a été de 2,613 fr. 17 cent. — En général, les ouvrages historiques ne furent adjugés qu'à des prix élevés, trait caractéristique du goût et des besoins de notre temps. 1 — 750 volumes choisis vinrent remplacer le vide de cette aliénation avantageuse.

Les conséquences de la vente de 1830, (grâce aux vives instances du bibliothécaire, car l'on fut bien près d'en employer le produit à la réparation des quais), furent infiniment profitables à la bibliothèque de St-Omer. Elles procurèrent principalement les monumens historiques de l'époque. Les amateurs éclairés y virent alors avec satisfaction, à côté des bénédictins, de Moréri, du père Lelong, et des respectables auteurs de l'an-

---

1 « Jamais les études historiques n'ont été plus répandues qu'aujourd'hui. » (Quenson.—Mémoires de la société royale de Douai.)

cienne école, les collections des Guizot, des Buchon, des Michaud, des Petitot-Montmerqué, les ouvrages des Barante, des Thierry, de Lingard, de Lacretelle, de Villemain, de Thiers, de Salvandy, de Ségur, de Mazas... (Puisse-t-on y admirer aussi les œuvres de Michelet et de Victor Cousin) !

Le 28 juillet 1829, le maire de Dunkerque s'était empressé d'annoncer à ses administrés qu'il venait de procurer à leur bibliothèque communale les œuvres complètes des Châteaubriand, des Bernardin de St-Pierre... et qu'il continuerait à exécuter un plan d'accroissement annuel, digne de l'importance de cette cité. C'était un noble exemple ! Dès l'année précédente toutefois, nous possédions ces immortels chefs-d'œuvre et nous avions mis en pratique à leur égard cette belle maxime : « La « gloire en France est aussi une de nos libertés publi- « ques ; tout le monde est appelé à en jouir et à l'admi- « rer ! » Il est bon néanmoins de remarquer que le Châteaubriand appartenait au bibliothécaire et qu'il ne fut catalogué par suite d'acquisition qu'après la révolution de 1830. Cette superbe collection était alors surtout recherchée des lecteurs, et la prédilection du bibliothécaire fut tournée en dérision devant un important aréopage, ou plutôt une chétive administration, le jour même de son installation, pendant que la Julienne de Notre-Dame de St-Omer tintait un chimérique triomphe, alors que trois générations de rois étaient chassées à coups de fourches de la capitale de l'antique royaume de Clovis! Hélas, on n'a pas voulu l'entendre cette voix fidèle qui voulait si généreusement procurer la vérité qui éclaire, et qui criait sans cesse à une tourbe stupide : « Hors la « charte, pas de salut! » *ibant obscuri sola sub nocte per umbram*... Répétons donc aussi, avec le vénérable Thierry, à celui que tous « ont rencontré de même à la source de « leurs études, à leur première inspiration », et dont le style, selon Napoléon désabusé « est celui *du pro- « phète,* » ce beau vers : *Tu duca, tu signore et tu maëstro*. — Le buste de M. de Châteaubriand, sculpté par David, a été déposé à la bibliothèque de St-Omer, le 26 Septembre 1834 ; il s'y trouve en face de celui de Suger, né à St Omer.[1] — Un autre grief s'était encore élevé à cette époque contre le bibliothécaire, à cause de sa demande réitérée des œuvres de M. Guizot, et cela, *risum*

---

[1] Le portrait d'un grand homme inspire la vertu !

teneatis, parce que M. Guizot était protestant ! un journal de ce département, spirituel et poli, quoique énergique dans son opposition, ne partagea pas ces ridicules angoisses, cette panique de sacristie, à l'occasion de la collection des *Mémoires relatifs à l'histoire de France, depuis l'origine de la monarchie française jusqu'au troisième siècle ;* « on ne saurait trop encourager, dit-il alors, ce
« noble objet d'études...., mais, les Châteaubriand, les
« Guizot, voire les Villemain et les Cousin sont souvent
« censurés de par Loyola, et n'ont point pour partisans
« tous les gens de lettres du Pas-de-Calais. » 1

A la fin de janvier 1832, on implanta le muséum dans la bibliothèque de St-Omer ; cette merveilleuse opération se pratiquait au même moment que l'on renversait notre gothique hôtel-de-ville, quelques mois après que la mine eût fait sauter les ruines de St-Bertin, cette *abbaye royale*, comme disait Froissard. Ce muséum ne devait y rester que peu de mois.... Nous prédîmes alors qu'il n'en bougerait pas de dix ans. Dans l'intérêt de l'établissement, le bibliothécaire, dont la responsabilité ne laissait pas que d'être compromise, crut de son devoir de présenter alors de fort humbles remontrances ; ses craintes furent trouvées exagérées, mais il obtint pour la niche du fond, restée encore vide, le buste du roi des Français, le 4 avril suivant 2. Au reste, les inconvénients graves qui

---

1 Le *Propagateur*. 1830. n° 46.

2 Le buste du roi Louis XVIII resta long-temps dans la niche au-dessus de la porte du vestibule ; et quel inconvénient à cela ? n'avions-nous pas vu en Août 1830, couronnée de fleurs à la Bourse de Lille, la statue de l'auguste auteur de la charte ? Nous crûmes toutefois prudent de faire descendre ce buste chez le concierge, en février 1831, mois remarquable à Paris, à Lille, et même à Saint-Omer. Oui, vraiment, à Saint-Omer.... C'est qu'il y avait alors un calvaire érigé par les missionnaires, tout contre l'un des murs de Notre-Dame, et ne gênant en rien la voie publique, mais ce signe représentatif de la juste égalité et de la vraie liberté, n'accommodait guère les partisans d'une autre égalité et d'une autre liberté ; il fallut donc le faire disparaître ; et après de singulières démonstrations, on transigea administrativement pour le retour du calme. Ce qu'il y a de plus étrange dans cet épisode de notre histoire locale, c'est que la boîte où étaient renfermées les listes des nombreux souscripteurs à ce monument ayant été retrouvée dans les fondations, on fit grand bruit de ces listes devenues suspectes, sans doute, et on se donna l'immense ridicule de faire avec procès-verbal un dépôt quasi-légal de cette fameuse trouvaille. Et la liberté qu'était-elle donc devenue ? « Il y a folie, il
» y a fureur à s'attaquer à la pierre, à la toile, au papier, à des ar-
» moiries, à une simple fleur ! » Hélas, comme nous le redisions jadis

résultent de l'encombrement de la bibliothèque et du musée dans le même local, sont aujourd'hui généralement sentis 1;

Le *Relief de St-Bertin*, et la planche sculptée de la *Tentative des Français en 1594*, doivent faire partie du musée.

Le successeur de M. Aubin crut devoir adresser au chef de l'administration locale un rapport annuel sur la situation de l'établissement. Son premier rapport est du 5 avril 1825. Plusieurs rapports même furent quelquefois présentés dans le cours d'une seule année lorsque les circonstances y incitaient. Le dernier est du 13 Septembre 1834. Ils doivent se trouver aux archives communales 2. — C'est un usage qui devrait être adopté par tous les bibliothécaires. — Ces rapports peuvent démontrer évidemment si le conservateur de la bibliothèque publique de St-Omer a jamais négligé les intérêts de cet important établissement, et s'il a combattu constamment les idées ennemies des besoins de la Société. « Favorisez
« hautement les lettres, répétait-il chaque année ; les
« aveugles partisans de l'ignorance peuvent seuls blâ-
« mer une ardeur désintéressée, et l'indépendance me-
« surée de l'écrivain ; les siècles ne reculent pas tou-
« jours.... Les savants, les gens de lettres, les artistes
« forment aujourd'hui une classe immense que l'on
« retrouve partout, et qui sait enfin quelles sont les vé-
« ritables jouissances et les seules consolations de la
« vie.... Protégez les littérateurs. » Le bibliothécaire, il est vrai, s'était attaché plus particulièrement à la division de *l'histoire*, et avait donné tous ses soins pour réunir autant que possible les principaux documents concernant les annales de son pays 3. Qui pourrait à ce sujet lui jeter la pierre ? 4 — « Depuis un certain nombre

---

(*Feuille de St-Omer*, N.° du 28 janvier 1832), il n'est donc que trop vrai qu'« il n'est pas de plus âpre despote qu'un républicain au pouvoir. » (*Le Correspondant*, t. iv, p. 3.)

1 Mémoires de la Société d'agriculture de l'arrondissement de St-Omer, t. i. xxxviii.

2 Nous avons cru pouvoir placer à la suite de cet ouvrage plusieurs notions sur ces archives.

3 L'auteur a publié quelques essais historiques sur l'arrondissement de St-Omer, etc. Voir plus bas la récapitulation.

« 4 Un bibliothécaire, dans tous ses travaux, ne doit jamais perdre de vue les besoins et les goûts de l'époque. » (*Bibliothéconomie*.)

« d'années le goût de l'étude des histoires locales a pris
« grande faveur; qu'y a-t-il, en effet, de plus attrayant
« pour l'homme instruit, que le tableau des faits histo-
« riques dont son pays a été le théâtre ? » — « L'his-
« toire de France est aujourd'hui l'objet de tous les tra-
« vaux littéraires » — « la patrie dans le passé comme
« dans l'avenir a droit à nos plus chères affections ! »

Longtemps, l'allocation pour les acquisitions a été
loin d'être à St-Omer à la hauteur des villes voisines. Le
budget municipal n'a compris, pour l'entretien moral et
matériel de la bibliothèque, que 500 francs (dont 100 fr.
pour le concierge) jusqu'à la session d'août 1835 ; alors
on obtint un supplément de 100 fr. Le bibliothécaire ré-
clama encore avec instance un crédit annuel de mille
francs. « La bibliothèque est dépourvue, dit-il, de
« recueils relatifs aux sciences et aux arts ; elle
« ne peut rien offrir pour la jurisprudence moderne,
« encore moins pour la médecine actuelle. Ses collec-
« tions d'histoire et de littérature présentent aussi des la-
« cunes préjudiciables. L'état d'un grand nombre de vo-
« lumes exige une prompte reliure.... » Au budget de
1837, l'allocution figura pour la somme de 700 fr.

Par arrêté du 18 novembre 1834, le maire nomma
une commission de trois membres, chargée de dresser
les listes des ouvrages à acquérir. Le maire devait prési-
der cette commission, le bibliothécaire était désigné
comme secrétaire. Diverses mutations s'opérèrent dans
le personnel de la commission. — Pour produire quelque
bien, elle aurait dû être plus nombreuse et moins dé-
pendante. Le bibliothécaire n'aurait point dû être
astreint à l'acquisition d'aucune espèce d'ouvrages, ainsi
que cela se pratique dans la capitale et dans plusieurs
grandes villes ; il ne doit être obligé qu'à cataloguer les
ouvrages que l'autorité locale fait déposer dans l'établissement ; autrement vous le placerez dans cette situation
désagréable : ou son retard et son hésitation à désigner
des ouvrages seront taxés d'indifférence et d'ignorance,
ou les ouvrages qu'il indiquera et dont les prix ne pourront, la plupart du temps, être autres que ceux de catalogues 1, ne seront que trop souvent controversés par la

---

1 L'un des derniers ouvrages obtenus de la commission a pour
titre : *les Manuscrits français de la Bibliothèque du Roi*, par P. Paris,
2 vol. in-8°. (18 fr. Librairie de Techener.) « Ce nom est celui d'un

commission 1. Le bibliothécaire n'a pas été aussi sans faire quelques appels au public éclairé et généreux pour l'augmentation des richesses littéraires de l'établissement. — De 1820 à 1830 le gouvernement accorda 37 volumes in-8°, et le *Dictionnaire chinois*. Quelle munificence ! En obtobre 1823, le ministère révoqua l'autorisation de déposer dans les bibliothèques publiques les annales historiques des sessions législatives. On craignait sans doute alors que la science légale de la liberté ne fit des progrès trop sensibles.

La belle édition du grand ouvrage de la *Description de l'Egypte* fut donnée par le roi Charles X, le 3 mai 1828, à l'occasion de son voyage à St-Omer. Plusieurs fois, le bibliothécaire déclara à l'administration qu'un meuble digne de la valeur de cette donation devait être au plutôt confectionné pour la conservation des magnifiques planches du recueil.

Plusieurs fois, le bibliothécaire avait intéressé le directeur du *dépôt légal* à la situation de la bibliothèque de St-Omer. Il lui avait remis l'exposé des pertes que cet établissement avait éprouvées depuis son origine, et l'état exigu des ressources affectées pour les réparer. « Elle est fréquentée, lui a-t-il dit, par les nombreux « Anglais qui séjournent dans cette cité... Le camp y « amène beaucoup de militaires studieux... Tirez d'un « trop long oubli ce dépôt littéraire, favorisez encore « ainsi *l'education nationale !...* » — « Toutes vos observa- « tions sur la nécessité des bibliothèques sont justes... « Je proposerai au ministre de comprendre votre biblio- « thèque pour une centaine de volumes dans la distri- « bution qui se fera à la fin de l'année. » (Lettre de

---

écrivain non moins recommandable par la noblesse de son caractère que par la profondeur de son savoir. »

1 MM. L. de Givenchy, J. Derheims, et le principal du collége devraient faire partie de cette commission. Composée alors de sept membres, elle devrait avoir le pouvoir de choisir son président et de prendre des resolutions directes, sauf l'approbation du magistrat. — Indépendamment du matériel de l'établissement et de l'acquisition des ouvrages, elle devrait songer encore à établir les droits des bibliothécaires à la retraite pour éviter à l'avenir d'onéreuses transactions. (M. Aubin n'a-t-il pas traité avec son successeur pour la moitié de son traitement, sa vie durant ?) Le bibliothécaire n'a qu'un chétif chauffe-pied contre le froid pendant l'hiver ; avec un peu moins de mesquinerie l'on aurait pu faire des ouvertures publiques le soir.

M. Aimé-Martin, du 20 avril 1829.) Le bibliothécaire réitéra ses sollicitations.

Par arrêté du 18 novembre 1830, le ministre de l'intérieur accorda à la bibliothèque de St-Omer 130 volumes provenant du dépôt légal. Cet envoi concernait l'histoire et la législation, les arts et la littérature, et comprenait aussi les langues étrangères, objet important pour la cité, à cause du séjour habituel des Anglais. — Le bibliothécaire reçut encore quelques promesses du directeur du dépôt légal, mais elles ne purent être réalisées [1]. — Au commencement de 1833, M. H. Lesergeant, député de St-Omer, obtint pour la bibliothèque de cette ville, par décision ministérielle, l'ouvrage de l'*Expédition scientifique de Morée*. — Depuis cette époque, parmi les autres dons du gouvernement, nous signalerons le *Voyage dans l'Amérique méridionale*, par D'Orbigny; le *Voyage dans l'Inde*, par Jacquemont, et l'*Essai sur la littérature anglaise*, par Châteaubriand.

Du mois d'août 1830 au mois d'août 1838, le ministère a adressé à la bibliothèque de St-Omer 123 ouvrages formant 241 volumes. — De janvier 1827 à septembre 1838, il a été donné en outre à la bibliothèque de St-Omer par diverses personnes 136 ouvrages formant 170 volumes. — Il faut mentionner encore la donation de 17 manuscrits : 23 volumes [2].

En 1838, le bibliothécaire rédigea de nouvelles listes

---

[1] Le dépôt légal a été supprimé par ordonnance du 30 juillet 1835. — Plusieurs ordonnances ont été rendues depuis 1830 sur les bibliothèques publiques, nous ne pouvons les citer toutes; notre intention n'ayant pas été, dans cette notice, de donner l'histoire complète de la législation sur ces établissements.

[2] Les noms des donateurs qu'il serait bon aussi, ce semble, de livrer chaque année à la publicité, sont MM. Phillipps, Houssier, Poot, Dessaux-Lebrethon, Longuemaux, Desmarquoy, Allent, Basy, Bailly, Petit-Radel, Siricz de Bergues, Boniface, Derheims, Brasseur, Desmytfère, Berger, Barrois, Bertrand, Staines, J, St-Amour, Leglay, Lair, Moricheau-Beaupré, Amoros, Eudes, Hermand, Bolard, Ed. de la Plane, Lacroix, Morand, Bruchet, Fortia d'Urban, Voisin, Mallet, Caron-Selecq, et pourquoi ne le dirions-nous pas ? le nôtre, puisqu'en comprenant les 130 volumes du dépôt légal, les 40 volumes accordés aussi à notre sollicitation personnelle par des audomarois employés au ministère de l'intérieur, et les *hommages* qui nous parvenaient de divers auteurs distingués, le nombre des livres par nous procurés s'élève au moins à 400, ce que nous pouvons prouver; chose au reste souvent importune pour les uns et encore ignorée de bien d'autres. le *Mémorial artésien* du 18 juin 1837. *Feuille de St-Omer*, n° 260.

des doubles, des incomplets, et des dépareillés non portés au catalogue. — Il se trouvait encore alors 54 ouvrages doubles, 81 ouvrages incomplets, et 53 volumes dépareillés.

Aucun ouvrage ne pouvait sortir de la bibliothèque; cependant dans l'intérêt des études, le bibliothécaire, à la fin de 1835, obtint de l'administration pour les professeurs du collège la faculté d'emporter pour un court délai les ouvrages qui pouvaient leur convenir. Les mesures de prudence en pareil cas ne doivent jamais être négligées; mais il ne faut pas non plus tomber dans des restrictions trop minutieuses et contraires au but de l'institution. — Jadis dans les couvents, la coutume était d'anathématiser ceux qui parvenaient à soustraire les volumes des bibliothèques..;. « Il n'y a pas de bibliothèque au « monde, où, au bout d'un certain laps de temps, on n'ait eu à constater de semblables pertes [1] ». Pendant la gestion de M. Aubin, dix à douze ouvrages se trouvèrent égarés; son successeur eut l'avantage de les récupérer, à l'exception de quatre. — De janvier 1827 à septembre 1838, un seul volume a disparu de l'établissement (tome 1er de *l'Iliade*, traduction de Rochefort, in-8°, n° 2575); nous jetons hautement le défi que l'on puisse signaler aucune autre lacune. — En général, la durée des vacances des bibliothèques communales est conforme à celle des établissements universitaires. Sur la demande du bibliothécaire et dans l'intérêt du service public, elles eurent lieu à St-Omer, depuis le camp de 1827, pendant le mois d'octobre.

Il se trouve à la bibliothèque de St-Omer 86 éditions du 15e siècle, dont plusieurs d'une grande rareté. — On sait qu'en général ces impressions sont d'un caractère passablement beau, et si semblable à l'écriture de ce temps-là qu'il est fort aisé de s'y tromper. — Nous ne décrirons pas ici les curiosités bibliographiques de cette bibliothèque, notre intention n'ayant pas été de publier un catalogue, ni même une indication sommaire de ses plus importants ouvrages, comme nous en avions jadis eu le projet [2]; cependant nous pouvons mentionner la *Bible sans date*, n° 7; *la première Bible imprimée à Paris* en 1496, n° 8. *La première impression de Cologne*, en 1466,

---

[1] Ch. Magnin.
[2] *Variétés historiques sur St-Omer*, page 200.

n° 4807 ; un *Horace*, de 1480, n° 2208 ; et un *Psautier*, le seul ouvrage imprimé sur vélin, n°66. Plantin de 1571.

Le local de la bibliothèque de St-Omer a 114 pieds de longueur, 35 de largeur et 16 de hauteur 1.

Au 1ᵉʳ janvier 1827, le catalogue des imprimés se composait de 4,376 articles, et celui des manuscrits était alors de 810 n°⁸. — Au 1ᵉʳ septembre 1838, le dernier n° des imprimés était 5,324. (Au 1ᵉʳ janvier 1840 il était parvenu à 5,332.) Au 1ᵉʳ janvier 1838, la totalité des volumes s'élevait à 12,908, compris les manuscrits. — Depuis 1835, le catalogue des manuscrits était resté à 842 articles.

Nous terminerons cette notice en renouvellant nos vœux sincères pour la prospérité future de la bibliothèque de St-Omer, et avec la conviction que l'on n'oserait pas démentir encore ce témoignage que nous nous donnions sans crainte en 1831 dans nos *Variétés historiques sur la ville de St-Omer*, p. 207. « On fait toute espèce d'efforts
« dans la bibliothèque de St-Omer pour propager le goût
« généreux des belles-lettres 2. On y éprouve un extrême
« contentement lorsque des étrangers viennent y puiser
« des documents utiles ou glorieux pour le pays ; quand
« des jeunes gens s'y livrent à de salutaires lectures ; quand
« des militaires de tous grades y emploient avantageuse-
« ment leurs loisirs ou que des savants même s'y ren-
« dent pour consulter les monuments respectables d'un
« autre âge ; en un mot, on a tâché d'y continuer, au
« moins par le zèle, l'œuvre de l'érudit bénédictin de
« St-Maur, d'après l'intime conviction que rien n'est
« plus nécessaire à la société que les bienfaits inestima-
« bles de l'instruction. »

---

1. Dans le plan de l'hôtel-de-ville que la révolution de juillet fit avorter, la bibliothèque figurait avec distinction au deuxième étage sur une mesure de 100 pieds de longueur, 24 de largeur et 22 de hauteur. Depuis on donna la préférence à une salle de spectacle dans le *Pâté-monstre*, monument digne de l'Abattoir qui se présente si gracieusement devant l'abbaye de St-Omer. (Comme l'appelle encore Michelet, *Histoire de France*. IV. 191.)

2. *Warnkœnig*, t. 1, XIV. — *Politique d'Aristote*, de B. de St-Hilaire, t. 1, CLXXX. — *La Croix pèlerine*, par Quenson. — *Histoire des Duels*, t. 1, VI. — *Le Chroniqueur de la Jeunesse*. — *Le Puits artésien*. Supplément à la 15ᵉ livraison. — *La France pittoresque*. — *Mémoires des Antiquaires de France*. — *Les archives du Nord*, t. 6, p. 93. — *Le Journal des Artistes*. — *P. de Fenin*, de Mˡˡᵉ Dupont. XVII-XXXVIII. — *Therrouanne of Godmond*. VII. — *L'Echo de la Lys*, n° 38. — *L'Audomarois* du 3 janvier 1835. — *Le Mémorial artésien*, du 18 juin 1837.

APERÇU SOMMAIRE

DES

BIBLIOTHÈQUES

PUBLIQUES

DU PAS-DE-CALAIS.

Le sage roi Salomon se plaignait déjà qu'il y eût trop de livres, mais après les invasions des Normands dans nos contrées, une bibliothèque de cent volumes aurait été une rareté sans exemple, et Bouchart, évêque de Worms, après bien des recherches et des dépenses, ne put jamais amasser dans toute l'Europe que 150 volumes. Au 9ᵉ siècle, la bibliothèque de l'abbaye de St-Riquier passait pour immense; on lui attribuait 250 volumes. Aujourd'hui, c'est bien différent; jamais le goût des livres n'a été plus répandu : on compte maintenant en France, seulement dans les bibliothèques publiques, quatre millions environ de volumes, dont la moitié à peu près se trouve à Paris. — Le muséum britannique contient environ 22 mille manuscrits. « A quoi bon ces « millions de volumes, observait jadis Sénèque, cette « multitude n'est pas un secours, mais un fardeau !... « — Au nom de notre amitié, recommandait Cicéron à « Atticus, ne laissez rien échapper parmi les bons livres « et les beaux morceaux d'antiquités, de ce que vous « trouverez de curieux et de rare. » — « Les bibliothè-« ques choisies, disait Voltaire, sont des républiques « tranquilles, où les savants jouissent d'une seconde « vie. »

Huldric Fugger avait une bibliothèque dont les livres égalèrent le nombre des étoiles connues. Ses parents voulurent le faire interdire, mais la sentence fut cassée. — Le fameux Melancthon n'avait que quatre auteurs seulement dans sa bibliothèque : Platon, Pline, Plutarque et Ptolomée. — St-Louis venait fréquemment étudier lui-même dans la Ste-Chapelle, et facilitait par ses propres explications les études des autres. — La bibliothèque de Blois était devenue l'admiration de la France et de tous les étrangers. Elle avait été fondée par Charles d'Orléans, dont le nom trouve encore de l'éclat dans notre histoire littéraire [1]. Un des plus grands écrivains de ce siècle nous a confié que depuis longtemps il ne lisait plus que la Bible et Homère. — Que conclure de ces exemples ? L'homme *unius libri* peut avoir certainement quelques avantages sans doute trop dédaignés dans notre siècle, mais l'utilité d'une bibliothèque étendue et publique n'en est pas moins incontestable. — Oui, partout heureusement, les bibliothèques publiques se multiplient, les catalogues ne sont plus inconnus, les conseils municipaux votent des fonds indispensables, et tout fait présager qu'elles recevront enfin un principe de vie qui ne leur a manqué que trop longtemps. M. Voisin nous fera connaître les bibliothèques de la Belgique, pour faciliter le catalogue général d'histoire des Pays-Bas; et le mémoire de M. Leglay sur les bibliothèques du département du Nord deviendra l'indispensable complément de son nouveau programme d'études historiques et archéologiques sur cette contrée.

L'abbaye de St-Vaast, à Arras, la plus considérable de l'Artois, possédait aussi la plus riche bibliothèque de ce comté. « Elle est excellente et passe avec justice pour la « meilleure et la plus nombreuse qui soit en province [2] ». Elle avait éprouvé cependant six incendies. On y voyait au commencement du siècle dernier, parmi les manuscrits, quatre grands cartulaires, très-précieux pour l'histoire de la contrée, et un traité curieux, intitulé *la Violette*, par un religieux de St-Omer [3]. Ce manuscrit, très-ancien, ne s'est pas retrouvé. — « Je me suis fait « conduire à l'abbaye de St-Vaast, que j'ai vue avec « beaucoup de satisfaction, principalement le cloître,

---

[1] Nous avons une copie de l'inventaire dressé à St-Omer le 5 décembre 1440, des livres apportés d'Angleterre par ce prince. *Variétés historiques sur St-Omer*, p. 86. — *Le Puits artésien*, t. 1, p. 577. « Gardez, Français d'aujourd'hui, gardez toujours bon souvenir à... notre Béranger du 15ᵉ siècle. (Michelet. *Histoire de France*, t. 4.)

[2] *Deuxième voyage des Bénédictins*, p. 62.

[3] *Biographie de St-Omer*, p. 53.

« le réfectoire et la bibliothèque, non moins recommandable, m'a-t-on dit, par le prix des livres, qu'elle l'est par la grandeur du vaisseau et la décoration intérieure 1 ». Cette bibliothèque fut rendue publique au commencement de 1784; elle était ouverte le mercredi et le samedi, depuis deux heures jusqu'à cinq heures après-midi, excepté les dimanches et fêtes. Les vacances avaient lieu du 14 août au 15 octobre. Hennebert lui attribuait 40,000 volumes et de nombreux manuscrits. Elle ne souffrit pas considérablement pendant les temps révolutionnaires, et sans doute elle n'a dû sa conservation miraculeuse qu'à la prédilection du Dieu protecteur des belles-lettres.

Actuellement, la bibliothèque publique d'Arras se compose de près de 15,000 articles formant 40,000 volumes, compris environ 1,100 manuscrits 2. Ces derniers, malgré d'infâmes mutilations, comprennent 105,983 feuillets de vélin 3. Le manuscrit le plus ancien est du 8e siècle : c'est le tome 1 d'un superbe Evangile 4. — L'autographe de Jacques Duclercq, en 638 feuillets in-folio, s'y fait remarquer. — On y trouve plusieurs chroniques précieuses concernant l'histoire du pays : celles de Jean de Fœucy, abbé de St-Eloi, de Nicaise l'Adam de Béthune, de Georges Lepreuve, de Georges Chastelain, d'Etienne Lepez, de Philippe Wieland, de François Bauduin, de Walerand Obert, d'Antoine Taverne, du père Ignace,... ainsi que les annales de St-Vaast, d'Iperius, de même que plusieurs cartulaires de St-Bertin et diverses chroniques de Flandre 5. — Le crédit

---

1 *Almanach d'Artois*. 1782, p. 247. — C'était la bibliothèque la plus complète de toutes celles des Pays-Bas, pour le nombre et la qualité des livres, et par ses rares et nombreux manuscrits. (*Biographie universelle*, t. 50, p. 262.)

2 Le catalogue des manuscrits par sir Phillipps est rare et fort recherché.

3 Le nombre des feuillets de vélin enlevés a été de 37,422.

4 « Parmi les manuscrits, j'ai remarqué un *Evangile* que je suppose du 9e ou 10e siècle. Les tables de concordance et les figures sont rehaussées d'or et d'argent et peintes en général sur un fond brun; il y avait un second volume qui malheureusement est perdu. » (Rapport de M. Vitet.) — Ce second volume est, nous le croyons, à la bibliothèque de Boulogne, les peintures de ce manuscrit sont d'un éclat singulier; il est écrit sur deux colonnes, entièrement en lettres d'or, sur un fond blanc. » (Même rapport.)

5 Le *Bulletin de la Société de l'Histoire de France*, t. 2, p. 480, contient la nomenclature des manuscrits de la bibliothèque d'Arras concernant l'histoire de France, en 97 articles.

annuel pour les acquisitions est de 1,000 francs; et l'on y voit de magnifiques ouvrages. — Il y a de nombreux doubles dans cette grande collection. — Cette bibliothèque est ouverte maintenant toutes les soirées, de 6 à 9 heures, et en outre, les lundis et jeudis, de 9 heures du matin à midi. — Le bibliothécaire a un traitement de 600 francs, et son aide, de 200 francs; le logement est accordé en outre à ces fonctionnaires. — Le conservateur actuel est M. Boucuel, ancien professeur du collége d'Arras, vieillard instruit et complaisant, tout occupé à refondre les vieux catalogues. — Son prédécesseur était M. Fauchison, dont les fonctions durèrent du 24 février 1826 au 1ᵉʳ août 1839. Il avait réorganisé cette bibliothèque, qui se trouvait à son avènement dans un grand désordre, puisqu'il dut constater un grand déficit dans les livres imprimés et une dilapidation effroyable parmi les manuscrits. — M. Fauchison a été longtemps principal du collège d'Arras; homme de lettres, il a fait paraître quelques ouvrages recommandables sur l'instruction publique, et le catalogue de la bibliothèque d'Arras fait mention de ses œuvres; il se livra à de grands travaux dans cette bibliothèque; retiré sans aucune retraite, il mourut dans la nuit même qui suivit sa sortie de l'établissement. Avant sa mort, il avait publié un compte-rendu de son honorable administration; peut-être n'y a-t-on fait aucune attention, mais ce n'en est pas moins un exemple digne, utile, et qui trouvera des imitateurs.

Le 16 juillet 1837, le projet fut formé de doter d'une bibliothèque publique la petite ville de St-Pol, qui se distingue depuis plusieurs années par la publication de la revue du Pas-de-Calais 1. L'ouverture de cet établissement eut lieu le 6 juin 1838. « Une bibliothèque et un « musée sont désormais ouverts à St-Pol, et offerts à « l'intérêt et aux méditations des hommes laborieux. — C'est aux soins des fondateurs du recueil littéraire que nous venons de signaler, que les premiers éléments de la bibliothèque et du musée de St-Pol ont été rassemblés 2; et depuis, un accroissement rapide a été dû à de nombreuses et riches donations et à de magnifiques ouvrages envoyés par le gouvernement. — Le discours du maire, 3

---

1 Le *Puits artésien* a commencé à paraître en 1837, et il vient d'entrer avec un succès soutenu dans sa quatrième année.
2 MM. Danvin et Seiter.
3 Le *Puits artésien*, t. 2, p. 284.

à l'occasion de cette ouverture solennelle, est digne d'être médité par ses collègues du même département. — Formé d'un noyau de 700 volumes, la bibliothèque de St-Pol en possède actuellement 2,500. Elle est ouverte pendant trois heures, les dimanches et les jeudis. M. Flahaut en est conservateur au traitement de 150 francs. Le catalogue se forme sous la direction de M. Danvin. — On attend incessamment un Châteaubriand complet d'une main noble et généreuse. (Cet auteur se trouve maintenant dans toutes les bibliothèques publiques et fait même partie des dons ministériels.) — Il ne s'y rencontre que quelques manuscrits, l'un sur les comtes de St-Pol, l'autre sur l'inquisition d'Arras. — Le petit musée est encore dans le même local; on y voit plusieurs antiquités découvertes à Thérouanne.

« On trouve à l'hôtel-de-ville d'Hesdin, disait en 1825
« un historien de la localité [1], déjà trop vite oublié, une
« bibliothèque qui doit être ouverte au public, lorsque
« la salle sera convenablement disposée. Elle contient
« plus de cinq mille volumes, parmi lesquels on re-
« marque quelques manuscrits précieux. » Nous avons
dit aussi, dix ans après : « On doit signaler surtout, dans
« cet hôtel-de-ville d'Hesdin une bibliothèque nais-
« sante, digne de fixer, par le choix des ouvrages, l'at-
« tention des lettres. Le désir de l'administration locale
« est de porter au double, s'il est possible, le nombre
« actuel de quatre à cinq mille volumes. Puisse-t-elle
« être efficacement encouragée dans cette utile préten-
« tion! Nous y avons admiré un superbe manuscrit du
« 14e siècle contenant l'histoire d'Hesdin [2]. » Nous avons
revu récemment cette bibliothèque naissante. Le nombre
des volumes ne s'élève guère encore au-delà de 5000, et
il y a une vingtaine de manuscrits. L'ouverture de la
bibliothèque a lieu chaque jour pendant quelques
heures, sauf les jeudis et les dimanches; elle est fréquentée assez habituellement par les officiers de la garnison. M. Dovergne, fils, aussi précieux pour la ville d'Hesdin que M. B. Danvin est utile à celle de St-Pol, a été nommé conservateur de cet établissement en décembre dernier. Son traitement est de 200 francs, mais,

---

[1] Mondelot, auteur de : *Le Vieil et Nouvel Hesdin*; *Adèle de Ponthieu*, etc.

[2] *Histoire de Thérouanne*, page 75.

Indépendamment des dons multipliés d'ouvrages provenant de sa propre bibliothèque, il en a fait l'abandon total pour faciliter les acquisitions indispensables. Ce généreux littérateur s'occupe activement de la rédaction du catalogue, qu'il se propose de faire imprimer à ses frais, de la classification des livres, et de la recherche de rares et curieux documents concernant l'histoire de son lieu natal, si rempli de traditions historiques.

On voit dans cette bibliothèque, chauffée convenablement en hiver comme celles d'Arras et de St-Pol, la collection du *Moniteur*, un Chateaubriand complet, les historiens de la province d'Artois, et quelques beaux cadeaux du gouvernement. — La commission de la bibliothèque à Hesdin, est indépendante, tout comme à Arras et à St-Pol. — Le manuscrit que nous avions remarqué en 1833, et qui vient d'exciter l'attention de la société de l'Histoire de France, est intitulé *Matréologe*; il contient 64 chartes dont la plus ancienne est de 1191 et la plus récente de 1440. On y lit en tête ce qui suit : « *on appellera cest livre le Matréologe de la ville de Hesding.* » Ce cartulaire, enlevé dans le sac de 1521, a été retrouvé près de Versailles, et rendu à la ville d'Hesdin en 1525. — Il est à désirer que le fameux manuscrit de Tramecourt (1415) soit déposé à la bibliothèque d'Hesdin — Il paraît que les coutumes d'Artois, soi-disant imprimées à Hesdin en 1507 n'existent pas.

« Béthune, anciennement l'ûne des villes les plus
« importantes de l'Artois, possède une assez grande
« quantité de manuscrits contenant, les uns, ses
« chartes et privilèges, les autres, ses mémoriaux,
« d'autres les délibérations et jugements de l'échevi-
« nage, etc. On y pourrait puiser tous les éléments d'une
« histoire complète de cette ville. » Ainsi s'exprimait naguère l'auteur de la *Notice sur la ville de Béthune*. Nous ajouterons qu'il y a là aussi de quoi produire un commencement de bibliothèque publique.

Vive la petite ville d'Aire, et honneur à ses magistrats municipaux ! Il y a un an à peine, un enfant adoptif de cette cité (et elle a encore cette particularité de ressemblance avec la cité des Audomarois [1]), en faisant le dépouillement de ses archives, découvre dans une armoire de l'hôtel de ville près de 300 volumes, et en forme aus-

---

[1] *L'Echo de la Lys*, n° 25.

sitôt, avec l'autorisation du maire, un petit noyau de bibliothèque publique. Bientôt la générosité de quelques habitans et la munificence ministérielle élèvent cette bibliothèque au-delà de 1000 volumes. Cet établissement, dont l'ouverture solennelle a eu lieu le 1ᵉʳ mai 1839, semble prendre de plus en plus faveur à Aire et comptera assurément à l'administration actuelle de cette ville comme un de ses meilleurs actes et de ses plus hauts titres à la reconnaissance de la postérité. — Aujourd'hui, la bibliothèque d'Aire possède 1,200 volumes, et 3 manuscrits. Elle est ouverte les mardis, jeudis et samedis, de neuf heures à midi, et les jeudis de quatre à sept heures du soir. Le bibliothécaire, M. Auguste Toffart, a été nommé le 14 novembre 1838; ses fonctions jusqu'à ce jour ont été gratuites, parce qu'il est en même temps employé de la mairie. — Le conseil municipal vota d'abord une somme de 600 francs pour acquisition de livres; — le catalogue, à peine rédigé, fut incontinent envoyé au ministère de l'instruction publique. — Le grand ouvrage sur l'Egypte fut accordé aux sollicitations du député *extrà muros* de St.-Omer. — La commission de la bibliothèque fut installée le 20 avril 1839. Un sage règlement d'attributions et de service intérieur ne tarda pas à être approuvé. M. Froissart, principal du collège, et membre de la commission, prononça un discours fort remarquable sur l'utilité des bibliothèques publiques, à l'époque de l'ouverture. — L'entretien et achats de livres pour la bibliothèque figura pour 600 fr. au budget de 1840. On observa alors avec justesse que cet établissement était un attrait offert aux étrangers et surtout que la garnison pouvait y occuper ses loisirs. — Incessamment cette bibliothèque prendra place dans l'une des salles de l'hôtel de ville que l'on a disposée très-convenablement à cet effet. — Voici les titres des 3 manuscrits : *Mémoire sur l'établissement de la commune de la ville d'Aire et la signification des mots amicitia et amicus.* — *Mémoire sur l'ordre de la chevalerie de la Genette.* — *Narration de la fondation et des fondateurs de la ville d'Aire et aussi des princes, ses bienfaiteurs, suivie de la relation du siège d'Aire de 1641.* (L'auteur de cette notice est Guis-

---

1 *L'Echo de la Lys*, nᵒˢ 64, 67, 70, 72, 74, 108, 117 et 119. Le maire adressa à ses concitoyens une circulaire dans laquelle il fit un appel à leur sollicitude en faveur de la bibliothèque. (8 décembre 1839.) — Les maires de ce genre sont rares.

Iain Campion, religieux de Clairmarais, né à Aire en 1607)[1]. — La bibliothèque d'Aire ne sera jamais oubliée par le zélé et intelligent député de cette ville[2], et par le docteur L. Baudens, né à Aire, homme d'un rare mérite. Le classement des volumes étant terminé dans le nouveau local, cette bibliothèque a été ouverte de nouveau le 9 mai de cette année.

La bibliothèque de St-Omer, ouverte au commencement de 1805, est composée d'environ 13,000 volumes, compris 925 volumes manuscrits[3]. — Le nombre de ses volumes a été souvent exagéré. Qui a pû donc faire croire à Collet[4] qu'il était d'environ 25 à 30,000, tant manuscrits qu'imprimés? Cette bibliothèque est ouverte tous les jours de deux à cinq heures, excepté les jeudis, les dimanches et fêtes. Cette bibliothèque a été fort fréquentée et est assez complètement connue[5]. — La bibliothèque de la société des Antiquaires de la Morinie est assez considérable maintenant pour que son catalogue soit livré à l'impression. M. le docteur Hautrive lui en a donné récemment l'exemple en publiant le catalogue de la bibliothèque de la société royale des sciences, de l'agriculture et des arts de Lille, in-8° de 95 pages.

Le *Puits Artésien* a exprimé un vœu auquel nous adhé-

---

1. Cette *narration* de Campion n'est pas rare; elle se trouve aussi à la bibliothèque de Boulogne, aux archives départementales, à Arras, dans un manuscrit grand in-folio, et elle était notée dans le catalogue de la vente de M. Duriez, à Lille, n° 4411. — L'ancien chapitre de St-Pierre, à Aire, possédait quelques manuscrits intéressants. Malbrancq a cité plusieurs fois les *monumenta* de ce chapitre : il n'en est pas moins décidément un audomarois. (*L'Echo de la Lys*, n° 134.)

2. Sur la demande de M. de Monnecove, le ministre de l'instruction publique vient d'accorder seize nouveaux ouvrages à la bibliothèque d'Aire. *L'Echo de Lys*, n° 136.

3. Voici les deux volumes qui ont le plus particulièrement frappé M. Vitet; l'un renferme la *Vie de St-Omer* (voir les *Variétés historiques*), l'autre est le n° 764, qui concerne particulièrement l'*Arrivée des Normands à Sithieu*. (Voir les *Archives du Nord*, et les *Mémoires de la Société des Antiquaires de France*, 2° série.) Nous avons déjà décrit la plupart de nos principaux manuscrits dans deux extraits de notre catalogue inédit, la *Revue du Nord* et le *Puits artésien*. — Nous nous proposons de publier aussi le catalogue de nos manuscrits qui concernent spécialement l'histoire de France.

4. *Notice historique de St-Omer*, p. 105.

5. *La Quotidienne* du 26 septembre 1827. — *Le Bulletin de la Société de l'Histoire de France*, t. 2, p. 422. — *Le Courrier du Pas-de-Calais*, 24 septembre 1833.

rons entièrement : « il s'agit de la pensée de former au centre de chaque département une bibliothèque publique où seraient rassemblés et méthodiquement classés tous les ouvrages concernant l'histoire locale, et tous les écrits émanant des auteurs indigènes 1. » — Ne découvre-t-on pas à chaque instant, tant dans les imprimés que dans les manuscrits, de nouveaux faits ? Nous désirons aussi que l'on établisse dans les petites villes et dans les communes importantes des bibliothèques composées de livres d'histoire, de morale, et de voyages, et sous la surveillance du curé et du maire. Puisse-t-on souvent faire acte de dévouement envers ses concitoyens et se montrer véritable ami de son pays, en abandonnant à la chose publique quelques richesses particulières dont on ne peut tirer soi-même tous les résultats qu'il est possible d'en obtenir ! — Déjà, l'on a cité avec éloge les bibliothèques communales de Nielles-lez-Ardres, et de Zouafques ; Ardres, où se trouve un maire fort intelligent, jouira bientôt probablement aussi d'une bibliothèque publique. — « Je définis une bibliothèque de « petite ville, observait avec raison M. Louvet, (de « Maine-et-Loire) un cabinet de lecture gratuit pour le « peuple. Je la meublerais de bons livres de science pra- « tique, de religion, de morale, d'histoire et de voyages. « J'y mettrais au besoin deux ou trois journaux. » Nous partageons également la totalité de cette opinion.

Il y a une société d'agriculture à Montreuil, et la *Statistique des Sciences et des Lettres*, comme l'avait déjà énoncé l'almanach du Pas-de-Calais de 1802, et le petit annuaire pour 1837, y mentionne une bibliothèque encore peu nombreuse. Cette ville possède aussi actuellement quelques littérateurs d'un mérite distingué. — Il y a une vingtaine d'années, M. Poullier était mentionné comme bibliothécaire de cette ville dans l'*Itinéraire de l'Ami des Arts*.

26,000 volumes environ forment l'importance de la bibliothèque de Boulogne. Le catalogue est sur le point d'être entièrement terminé. Le nombre exact des volumes manuscrits est, dit-on, de 189. Nous y avons aussi remarqué le brillant *Evangile* du 7e siècle qui avait émerveillé M. Vitet : on sait quelles facilités eut M. Isnardi, bibliothécaire à la création de l'établissement, de l'enrichir aux dépens des autres bibliothèques du Pas-

---

1 *Le Puits artésien*, t. 2, p. 281.

de-Calais. Nous avons énuméré les pertes éprouvées alors par celle de St-Omer ; le catalogue de sir Phillipps des manuscrits de la bibliothèque d'Arras mentionne 29 articles parmi les manuscrits enlevés à cette bibliothèque. — Nous avons fait insérer au *Bulletin de la Société de l'Histoire de France* (t. 2, p. 416) une liste de 19 manuscrits de cette bibliothèque concernant l'histoire de France, à laquelle on a ajouté un fragment du catalogue de Hœnel, contenant 11 manuscrits sur la même matière. — Nous avons dit déjà qu'en 1798, 85 articles manuscrits avaient été transportés de la bibliothèque de St-Omer à celle de Boulogne; cette bibliothèque possède, avons-nous aussi également observé, 79 n° manuscrits de l'ancienne abbaye de St-Bertin. — D'après M. Leglay, « on y remarque un *Aratus* du 10° siècle qui a mérité d'être décrit par M. Delambre; » mais d'après M. J. Desnoyers, « c'est à tort que ce poème latin astronomique a été considéré comme la sphère d'Aratus. Les magnifiques dessins de ce manuscrit, qui paraît être du 10° siècle, ajoute encore au prix de cet ouvrage qui mériterait d'être publié avec des *fac simile*. » L'attention de M. Vitet avait été de même portée sur ce manuscrit, ainsi que sur les *V ies de St-Bertin et de St-Winoc*. — Cette bibliothèque est remplie de souvenirs de St-Bertin. — On y trouve dans trois portefeuilles un recueil de mémoires manuscrits extrêmement curieux sur l'histoire d'Artois, et des pièces historiques données jadis par la société littéraire d'Arras. — Le buste de Daunou y est à juste titre placé. — Le bibliothécaire actuel, M. A. Gérard, avocat, a été nommé en février 1830. Son traitement est de 1,500 francs. Celui du sous-bibliothécaire est de 750 francs. — Une allocation ordinairement supérieure à 1,000 francs, le produit des locations, et la propension littéraire de l'administration locale procureront facilement à la bibliothèque de Boulogne, la deuxième du Pas-de-Calais, les ouvrages essentiels qui pourraient encore lui manquer.

La bibliothèque de Calais est composée actuellement de 5,525 volumes imprimés (elle n'en avait pas 3,000 il y a dix ans) et 35 manuscrits. Le *Bulletin de la Société de l'Histoire de France* (t. 2, p. 429) a fait connaître aussi quels étaient ceux qui concernaient l'histoire de France. — On y voit un beau manuscrit indien et l'autographe, in-folio, des *Annales de Calais et du pays reconquis*, par Bernard. — Cette bibliothèque a été l'objet de donations considérables, et le nom de *Pigault* doit y être en vénération [1]. — L'*Ermite en Province*, qui regrettait avec tant de patriotisme qu'on n'eût point conservé l'ancienne maison d'Eustache de St.-Pierre, n'a point parlé de la bibliothèque de Calais ; c'est qu'il y a une vingtaine d'années elle n'existait pas encore, et que là, certes, on ne peut nier le véritable progrès. — M. Hedouin a omis aussi cette intéressante bibliothèque dans sa *Notice historique sur la ville de Calais*. (Almanach du Pas-de-Calais, 1840.) — La nomination du Bibliothécaire actuel, M. Nestor Audibert, est du 21 octobre 1839. Son traitement est de 500 francs. — Une somme de 300 francs a été votée récemment pour la confection d'un catalogue. — Cette bibliothèque est ouverte les mardis, jeudis, samedis, dimanches, de midi à deux heures et de cinq heures à huit heures du soir. — Ses vacances durent tout le mois de mai. — Le réglement de cette bibliothèque a été imprimé. C'est une mesure qui devrait être imitée.

---

[1] MM. Ch. Derheims, antiquaire renommé, et A. Dufaitelle peuvent être encore rangés au nombre des bienfaiteurs de cette bibliothèque. Ce dernier avait projeté aussi des publications importantes sur l'histoire de son pays. C'est dans toute la force du terme un de ces hommes de la localité remarquables par de laborieuses recherches, d'utiles et consciencieux travaux, et qui n'aspirent qu'à servir leur patrie. Mais, « il faut de l'or, oui, de l'or, quelque vil qu'il soit à côté du génie. » Il faut savoir encourager.., « mais, vous ne me croirez pas, mes frères, disait aussi Jacques de Guise, on n'est pas prophète en son pays. »

NOTE

SUR LES ARCHIVES DE LA VILLE DE St-OMER.

Il paraît prouvé qu'au milieu du 11ᵉ siècle (1052), la ville de St-Omer avait un mayeur, des échevins et un sceau communal [1]. L'institution de cette commune remontait même à un temps beaucoup plus reculé, puisque d'après un titre laissé par Folquin, on voit que dans le 9ᵉ siècle, mention est faite d'un *Prœter urbanus* qui dès-lors était à la tête des citoyens audomarois. Assurément, « les archives municipales de toutes nos villes renferment de riches et d'utiles documents ; » celles de la commune de St-Omer ont été souvent signalées pour leur importance et leur étendue [2]. — La plus ancienne de ses chartes est celle donnée par Guillaume de Cliton, le 14 avril 1127 [3]; et cette charte célèbre qui a été confirmée ensuite par les divers souverains de l'Artois jusqu'en 1789, est le plus vieux diplôme des Pays-Bas dont le texte soit parvenu jusqu'à nous. Ce fameux autographe de huit siècles sera probablement reproduit dans le grand ouvrage sur les communes de France que prépare

---

[1] On vient de retrouver, dit-on, le grand sceau de la commune et son contre-sel au 13ᵉ siècle, ainsi que diverses antiquités du même genre qui ont dormi longtemps dans la salle des archives anciennes du ci-devant hôtel-de-ville.

[2] Warnkœnig. *Histoire de la Flandre*, trad. — Gheldolf, t. 1, p. 26, t. 2, p. 409-11-16.

[3] Ou bien le 17.... *Variétés historiques sur St-Omer*, p. 15. — *Gazette de Flandre et d'Artois*, n° du 26 janvier 1837. — *Mémoires de la Société des Antiquaires de la Morinie*, t. 4, p. 466. — Nᵒˢ 76 et 81 des *Variétés historiques* (petite feuille).

le savant A. Thierry. — Il en sera de même de la charte infiniment remarquable de Philippe d'Alsace de 1168. — Les archives de la ville de St-Omer comprenaient les chartes et papiers diplomatiques déposés à l'hôtel-de-ville, au bailliage, à l'évêché, à la cathédrale et à l'abbaye de St-Bertin. A la fin de 1764, l'administration locale fit travailler à une classification et à un inventaire général des archives de la commune, ordonnés par l'édit du mois d'août de cette année.

En conséquence, un large dictionnaire, supérieurement dressé, quoiqu'en aient dit des marmousets d'antiquaires, petits pontifes de l'histoire, offrit un libellé lumineux de tous les titres déposés dans le vaste chartrier de la mairie. Les anciens réglements de police furent recueillis avec une attention extrême, et une excellente table des délibérations de la commune depuis le 15.ᵉ siècle, présenta depuis cette époque une analyse sommaire et curieuse de l'histoire de notre pays.

Malgré les orages de la révolution, la municipalité de St-Omer possède encore presque toutes ses archives. Sur 3,791 titres, il ne lui en manque que 40 presque tous insignifiants.

Le *Dictionnaire*, ou *Répertoire méthodique*, qui ne peut sans doute en principe être considéré comme une garantie certaine, comme un guide irrécusable, a été toutefois rédigé, selon Hennebert, avec autant d'intelligence que de courage. Dans une aussi vaste rédaction, quelques erreurs, non graves et nombreuses, mais rares et sans importance, ont dû être nécessairement commises, et il vaut toujours mieux, sans contredit, s'en rapporter au texte même des titres originaux, mais c'est à tort que l'on a allégué que ce dictionnaire avait été fait un peu légèrement, et qu'il était fort peu exact. Ce répertoire est en trois volumes in-folio, et renferme l'analyse de tous les titres depuis 1127 jusqu'à la fin de 1788. Ces titres sont des diplômes, des Chartes, des actes et des lettres.

Les registres aux délibérations forment une partie considérable de ces archives municipales : vous trouvez

---

4 Alors le nom de bourgeois, dit-il, n'était pas seulement un signe de liberté, mais un titre d'honneur, car il exprimait à-la-fois les idées de franchises personnelles et de participation à la souveraineté municipale. (Voir le *Serment des bourgeois de St-Omer* dans les *Archives du Nord*, t. 5, p. 289.)

d'abord 18 registres (il y en avait 26) qui s'étendent de l'an 1448 à l'an 1765; 8 registres manquent dans cette période et comprennent les années 1415 à 1447, 1472 à 1544, 1550 à 1581, 1607 à 1611, 1626 à 1638, 1651 à 1655, 1658 à 1665, 1677 à 1750. Vous voyez ensuite 29 autres registres, compris ceux concernant les notables, et sur papier timbré, dont la chronologie s'étend de 1765 à 1830 et années suivantes.

La table des délibérations du magistrat offre le résumé de la première partie de ces registres, depuis 1415 jusqu'en 1765. Comme aucun des registres de la deuxième partie n'a été égaré, il est vivement à souhaiter que l'on prescrive la confection d'une table semblable pour les 29 autres registres, et la rédaction en est d'autant plus facile, que plusieurs de ces registres sont déjà pourvus d'une table particulière.

Il y a en outre le *Dictionnaire des Règlements politiques et Ordonnances de police*, en 2 volumes grand in-folio; ces institutions ont servi de modèles pour plusieurs villes de l'Artois. Il y a en outre à la mairie de St-Omer: 1° un grand in-folio fort souvent cité et qui a pour titre: *Registre en parchemin*, sur lequel est tracée la sentence terrible du 7 juin 1302, pour crime de trahison 1. (Les plus vieux registres de cette ville commençaient, a-t-on dit, en 1262. Le plus reculé de la chambre des Orphelins était, à ce qu'il paraît, de 1282); 2° le vieux répertoire, qui a puissamment contribué à la formation de celui de 1764; un *Indicateur* sommaire des archives anciennes, contenant à la suite un aperçu des archives modernes. Nous avons rédigé cet *Indicateur* il y a déjà dix ans, car nous sentions dès-lors toute l'importance de nos archives, et nous n'en applaudissons pas moins à ceux qui en recommandent aujourd'hui avec tant d'éloquence la minutieuse exploration.

Les arrêtés du maire (8 registres, compris ceux sur papier timbré, 1800 à 1830 et années suivantes), et les pièces depuis 1789, composées en grande partie de correspondances, complètent la collection des archives de la ville de St-Omer. (22 registres ont été consacrés à la correspondance depuis 1793 jusqu'en 1831 et années suivantes; un seul manque à ce nombre, et c'est réellement dommage, car il comprenait les premières années

---

1 *Histoire de Bergues*, p. 22.

de l'administration de notre sublime république, et nous aurions pu encore y comparer, sinon admirer, le style agréable de nos nouveaux Brutus.)

On convient généralement à présent que « les archives « communales de St Omer sont dans un état parfait de « conservation et de classification. » Aujourd'hui elles sont déposées provisoirement dans l'une des salles du collége; le nouveau local qu'on leur destine sera-t-il bien convenable ?

Dans le dépôt des archives du bailliage, on ne rencontre plus que des documents, même incomplets, sur des intérêts purement privés. Malheureusement tous les papiers et parchemins qui concernaient la féodalité, ont été transportés, en 1792, à l'arsenal de cette ville et transformés en enveloppes de gargousses et de cartouches [1].

En 1794, on avait encore envoyé à l'arsenal, pour faire des cartouches, un tas de registres de différents greffes concernant diverses procédures, actes civils et anciens procès criminels de divers siècles.

« Les monastères avaient retenu beaucoup de pièces « qui semblaient devoir être placées dans les archives « de l'état. » Celles de l'abbaye de St-Bertin étaient fort intéressantes pour les annales de cette contrée. Les bénédictins de St-Maur ne purent les visiter malgré leur envie; « mais il ne fut pas possible. Je ne sais si c'est parce que nous sommes *réformés*. » (Il y avait donc aussi en ce temps-là un esprit de coterie, même parmi les religieux ?) Dom Berthod fut plus heureux : « Il est peu « d'églises, qui en possèdent en aussi grand nombre, et « qui en aient d'aussi précieuses. — J'y vis avec un res- « pect mêlé d'admiration l'acte de fondation de ce mo- « nastère, daté de 648, que les plus savants diploma- « tistes ont reconnu pour original et authentique. » C'est en vain que les recherches les plus actives ont été faites pour retrouver cette antique charte de Sithieu. — Le monastère de St-Bertin possédait aussi une multitude de chartes que lui avaient concédées les rois d'Angleterre. — Louis XVI avait apprécié l'importance des archives de St-Bertin, les plus anciennes peut-être de France, et M. de Maurepas en avait favorisé l'impression. Bréquigny et Chérin devaient en surveiller l'impression.

---

[1] *Mémoires de la Morinie*, t. 4, p. 273.

De 1782 à 1788, dom Dewhitte, le dernier archiviste de l'abbaye, adressa à M. Moreau, historiographe de France, divers envois de 25 chartes à-la-fois, écrites de sa main, dûment collationnées, au bas desquelles étaient des sceaux figurés et des notes particulières pour l'instruction publique. Ces chartes auraient été certainement imprimées sans la révolution [1].

Vers la fin de 1793, l'on avait aussi décidé à St-Omer que les titres et papiers de l'abbaye de St-Bertin et de la cathédrale seraient mis à la disposition du directeur de l'artillerie. On usa largement de cette autorisation. — Plus tard, les anciens registres ou livres de compte de l'abbaye furent envoyés à l'administration départementale. — Les chartes de St-Bertin sont encore souvent citées; il en existe un grand nombre au dépôt de la province de la Flandre orientale à Gand [2]. — Les registres du conseil d'Artois pour les séances tenues à St-Bertin, de 1640 à 1652, sont aux archives départementales. — Sir Phillipps possède aussi quelques chartes originales et bulles papales appartenant jadis à l'abbaye de St-Bertin [3]. — Il s'en trouve encore une liasse à la sous-préfecture. — Les archives de l'abbaye de Clairmarais furent transférées à Arras.

Les archives de l'ancien chapitre de Notre-Dame de St-Omer, sur lesquelles nous avions aussi, il y a tantôt dix ans, appelé l'attention sérieuse des antiquaires, sont explorées maintenant avec beaucoup de fruit par des historiens recommandables de la localité. Plusieurs documents importants y ont été découverts.

En 1809, la classification des archives de St-Omer avait été prescrite par l'autorité supérieure. — Le 15 septembre 1812, M. Dupré fut nommé commissaire à l'effet d'examiner les archives qui existaient dans les départements formés de l'ancienne Flandre et de l'ancienne Belgique. Il visita, le mois suivant, celles de St-Omer, et désigna 26 paquets de chartes, comme susceptibles d'être réunies

---

[1] *Variétés historiques sur la ville de St-Omer*, p. 195.

[2] Voir l'*Histoire de Flandre*, par Warnkœnig. — *La Record commission*.

[3] Cet Anglais était un grand accapareur des trésors que dédaignait jadis notre incurie; c'est vraiment un conquérant d'une espèce nouvelle. *Archives du Nord*, t. 5, p. 36. — Le ministère s'est informé aussi avec intérêt de la collection de ce diplomatiste relative à l'histoire de France. (Lettre de M. de Salvandy, du 21 juin 1838.)

aux archives de l'empire sauf l'approbation supérieure. C'étaient les plus importantes et les plus grandes, et il n'avait eu garde d'omettre dans ce choix les inventaires et les répertoires. Son procès-verbal est du 16 octobre 1812. Toutefois, on obtint l'ordre de ne laisser rien enlever des objets qu'il avait choisis. — M. Dupré loua la classification et la conservation du chartrier de l'hôtel-de-ville de St-Omer. — L'ordre fut de nouveau établi dans ces archives, de 1828 à 1830. — M. Vitet, inspecteur-général des monuments publics de France, les examina à la fin de 1830. « On conserve à St-Omer et à « Arras, a-t-il dit dans son *Rapport*, des archives plus « précieuses et surtout plus anciennes que celles de Lille. « Malheureusement, il n'y a ni classification, ni cata- « logue; celles de St-Omer sont enfermées dans des ti- « roirs, mais personne n'y touche, ni ne songe à les « exploiter. A St-Omer, j'ai trouvé bon nombre de lettres « écrites par nos rois à la ville, pendant le 13° et 14° « siècles. » La visite de M. Vitet est du 20 décembre. N'ayant vu ni le répertoire, ni les tables, il n'avait pu juger de la classification. Quant au prétendu oubli dans lequel on laissait alors les archives, son reproche était trop exclusif, et puis nous n'en étions encore qu'à l'enfance de nos études d'histoire locale. Mais c'est que St-Omer avait fait saigner le cœur de M. l'inspecteur-général : là, il avait pleuré sur les ruines de St-Bertin dont il avait arrêté l'entière destruction avec grande peine ; là il avait gémi sur le renversement projeté du gothique hôtel-de-ville; là sa qualité officielle avait été presque méconnue, son passeport exhibé, comme un clerc contraint par un baron bardé de fer, et ce n'était en quelque sorte qu'à notre obligeance personnelle qu'il avait dû la communication de ces archives qu'il qualifie avec raison de *précieuses*.

Les chartes les plus remarquables de la ville de St-Omer sont consignées dans un recueil in-4°, imprimé chez Fertel en 1739, dans Hennebert, dans le tome IV des *Mémoires de la Société des Antiquaires de la Morinie*, aux manuscrits nos 735, 753 et 829 de la bibliothèque de St-Omer, à la chambre des comptes, à Lille... Ces chartes sont souvent interrogées aujourd'hui [1], et Hennebert au-

---

[1] Correspondance ministérielle : lettres de M. Guizot, des 27 avril, 15 juillet, 6 octobre 1835, 27 Septembre 1836, de M. Pelet de la Lozère, des 9 avril, 3 mai, et 9 juillet 1836; de M. de Salvandy, des 12 et 20 juin 1838. — Rapport de M. A. Thierry, du 10 mars 1837.

rait tort d'observer encore que « peu d'Artésiens ont
« une idée claire et distincte de l'esprit qu'on y dé-
« couvre. » D'ailleurs, qui pourrait se faire scrupule,
dans ce temps de liberté, comme on l'a dit justement,
de revoir, de reconnaître ces titres primordiaux de nos
antiques franchises ? Au contraire, « faisons-nous un
« devoir de chercher dans les anciens écrits ce qui peut
« être intéressant aux histoires locales et surtout de rendre
« publiques les moindres trouvailles faites sur ce terrain
« où à chaque pas on découvre une nouvelle mine à
exploiter 1. »

Les archives communales d'Arras, encore nombreuses,
renferment des documents importants pour l'histoire
d'Artois. — Les archives d'Hesdin sont complètes encore
et du plus haut intérêt pour les annales de la contrée.

Le Rapport de M. Morand *sur les Archives municipales
de la ville d'Aire* 2 est un travail consciencieux, fort utile
et d'une grande portée comme document historique. On
pensait assez généralement que ces archives avaient été
emportées par les Espagnols ou dilapidées pendant les
temps révolutionnaires, mais « elles sont encore nom-
« breuses, bien qu'elles aient éprouvé des pertes sensi-
« bles et considérables. » Le titre le plus ancien est l'ori-
nal d'une charte de Philippe d'Alsace, donnée aux bourgeois d'Aire en 1187. — Il est bien à souhaiter qu'un
rapport semblable soit publié sur ce qui peut rester d'archives communales à St-Pol, à Pernes, à Béthune et à
Montreuil. — Celles d'Hesdin ne tarderont sans doute
pas à être connues.

M. Morand avait déjà publié une bonne *Notice sur les
Archives de la ville de Boulogne*. « En 1795, dit le docteur
« Bertrand, un des officiers municipaux de Boulogne,
« sans discernement comme sans lumières, s'avisa de
« prendre les archives de la ville pour des titres de féo-
« dalité; il était en train de tout brûler lorsqu'un de ses
« collègues plus éclairé arriva fort heureusement et
« l'empêcha de consommer sa funeste entreprise. » Les
débris des archives de Boulogne, échappés aux Anglais
et aux terroristes, ne remontent pas au-delà du milieu
du 16e siècle. On peut y puiser encore d'abondants secours pour l'histoire locale.

---

1 *Les Sept sièges de Lille*. — Brun-Lavainne.
2 *L'Echo de la Lys*, n° 112. — Le *Mémorial artésien*, du 2 janvier 1840.

Calais n'est pas sans avoir conservé aussi quelques archives curieuses ; grâces à l'intervention zélée de sir Thomas Phillipps, on lui a rendu, il y a quelques années, diverses cartes ou plans de la ville et des environs, dressés par des ingénieurs anglais au commencement du 16e siècle.

La révolution priva malheureusement les archives du Pas-de-Calais d'une immensité de pièces. Puisse-t-on faire sur ce département un travail pareil à la *Notice* que vient de produire le docteur Leglay *sur les Archives communales du département du Nord.* C'est un parfait modèle à suivre. Le *Mémoire*, du même écrivain, *sur les Actes relatifs à l'Artois qui reposent aux Archives du département du Nord*, offre des documents indispensables pour l'histoire de cette province. La chambre d'Artois formait l'une des huit divisions de la chambre des comptes à Lille. Deux cartulaires sont exclusivement affectés à l'Artois; leur chronologie s'étend depuis l'an 1091 jusqu'en 1407.

M. A. Dufaitelle, l'un des érudits les plus distingués du Pas-de-Calais, avait fait imprimer auparavant la notice sur les *Archives des anciens comtes d'Artois*, par M. Godefroy de Lille, enrichie de notes utiles et nombreuses. « Ce chartrier, qui n'a pas souffert pendant la
« révolution, fait aujourd'hui partie, dit-il, des archives
« départementales du Pas-de-Calais, immense dépôt
« que les bienveillantes instructions du préfet, M. de
« Champlouis, si bien comprises par M. Godin, archi-
« viste, ont ouvert aux investigations de tous les amis
« des sciences historiques, ainsi qu'à toutes les personnes
« que des affaires d'intérêt forcent à y aller puiser des
« renseignements. » Une copie des deux cartulaires précités se trouve à Arras, à l'ancienne abbaye de St-Vaast, ainsi que plusieurs autres cartulaires historiques, et le reste des archives des anciens états d'Artois vient aussi d'y être transféré.

On trouve dans *l'Encyclopédie Moderne* cette juste remarque : « Les archives de France présentent d'immenses
« ressources. Il ne faut que savoir et surtout pouvoir en
« profiter. » Les annales basées sur les chartes sont toujours la plus fidèle expression des temps passés [1]. — La

---

[1] « De tous temps, nos ancêtres ont attaché la plus haute impor-
« tance au dépôt de leurs archives.... » (M. Voisin, à Gand.) —
« Le défaut de connaissance des documents historiques que renfer-

Bibliothèque de l'École des Chartes alléguait récemment que « la plupart de nos archives départementales péris- « saient dans le désordre affreux où l'incurie de l'admi- « nistration les laissait depuis si longtemps; » nous ne savons si ce reproche n'est pas exagéré, mais il est certain, comme l'a proclamé la *Revue du Nord*, que la présence de M. Leglay aux archives du département du Nord, le plus précieux dépôt après celui de Paris, a rendu un immense service aux amis de la science historique. Il est avéré ensuite que nul archiviste n'apporte plus d'intelligence, de zèle et de complaisance que M. Godin dans son importante conservation du dépôt d'Arras. — En 1834, le conseil-général du département et le congrès provincial de Douai, proposèrent d'établir un archiviste par chaque ville... — M. Guizot observait, dans son rapport du 31 décembre 1833, que « l'histoire des villes, « des provinces, des faits et usages locaux, serait éclair- « cie par les bibliothèques et les archives départemen- « tales... » Puisse sa prévision s'accomplir ! — « Les « amis de l'histoire témoigneront surtout à M. Guizot « une reconnaissance particulière, » a dit avec vérité un autre savant, M. de Reiffenberg, l'une des illustrations actuelles de la Belgique. — « L'histoire a recons- « truit et les âges et les mondes détruits. » (Discours de M. de Salvandy à l'Académie française.)

OUVRAGES HISTORIQUES PUBLIÉS PAR L'AUTEUR :

Variétés historiques sur la ville de St-Omer. 1832. In 8° de 256 pages; — tirage à 600 exemplaires. — Les journaux qui en ont rendu compte sont : *L'Audomaroise* du 28 juillet 1832.— *Le Mémorial artésien*, du 29 juillet 1832. — *Le Courrier du Pas-de-Calais*, des 29 juillet et 14 août 1832. — *Le Temps*, du 16 août 1832. — *Le Propagateur*

« ment les archives de la plupart des villes, nous laisse dans l'igno-
« rance d'événements, d'usages et de particularités dignes d'être
« transmis à la postérité. » (M. Lambin, à Ypres.) — « De nos
« jours, où les sciences historiques ont fait un pas immense, où l'on
« a tiré de l'obscurité la plupart des dépôts d'archives... » — « De
« nos jours encore, des hommes qui se qualifient archéologues écri-
« vent et publient l'histoire d'une ville sans avoir mis le pied dans les
« archives de cette ville, et sans se douter de ce qu'elles contien-
« nent. » — « La science historique s'est montrée trop souvent avide
« à recueillir les traditions plus au moins défigurées sans songer à les
« entourer de preuves authentiques. » (MM. Jules Deligne, Élie
Brun, et Alfred Darimon, jeunes diplomatistes de grande espérance.)

du *Pas-de-Calais*, du 20 août 1832. — *La Boussole*, du 27 août 1832. — *La Revue artésienne*, du 29 août 1832. — Le *Mémorial artésien*, du 9 septembre 1832. — *La France littéraire*, n° de septembre 1832. — *Journal de Calais*, du 5 septembre 1832. — *Le Cabinet de Lecture*, du 14 septembre 1832. — *La Gazette de l'arrondissement de Cambrai*, du 26 septembre 1832. — Le *Mémorial encyclopédique*, n° d'octobre 1832. — *Feuilles d'Annonces de Dunkerque*, du 20 octobre 1832. — Le *Courrier du Pas-de-Calais*, du 4 novembre 1832. — *Le Messager des Sciences et des Arts de la Belgique*, 4° livraison de 1832. — Les *Archives du Nord*, n° de janvier 1833. — *Journal de Dunkerque*, du 8 février 1833. — *L'Echo de Vaucluse*, du 8 septembre 1833.

AUTRES RECUEILS OU IL EST PARLÉ DU MÊME OUVRAGE :

Histoire de toutes les villes de France, p. 95. — *Notice biographique sur Collet*, p. 16. — *Atlas-Wallet*. St-Bertin. — *Mémoires de la Société des Antiquaires de la Morinie*, t. 1, p. 44. — *La Revue du Nord*, t. 2, p. 263. — *Journal des Artistes et des Amateurs*, t. 2. 1833. — *Statistique des lettres et des sciences*. — Ces *Variétés historiques* ont été en partie traduites en anglais à la fin de 1836 [1].

Histoire de la ville de Thérouanne, et *Notices historiques sur Fauquembergues et Renti*. — St-Omer, 1833, in-8° de 115 pages. Tirage à 500 exemplaires. — *Histoire de la ville de Bergues-Saint-Vinoc*, et *Notices historiques sur Hondschoote, Wormhoudt, Gravelines, Mardick, Bourbourg...* — St-Omer, 1833, in-8° de 153 pages. Tirage à 600 exemplaires.

JOURNAUX ET RECUEILS OU IL EST QUESTION DE CES DEUX OUVRAGES : [2]

Le *Mémorial artésien*, des 7 et 18 juillet 1833. — *Feuille de St. Omer*, des 20 et 27 juillet 1833. — *La Vigie*, du 21 juillet 1833. — *Le Propagateur*, du 12 juillet 1833. — Le *Journal de Dunkerque*, du 19 juillet 1833. — *Feuille d'Annonces de Dunkerque*, n° 1941. — *La Revue artésienne*, du 24 juillet 1833. — Le *Courrier du Pas-de-Calais*, du

---

[1] Un second volume (p. 254) pourra-t-il se faire imprimer ...? Quant aux matériaux, ils sont en abondance et pour deux volumes au moins.

[2] Nous possédons des documents pour une nouvelle édition de ces histoires, double au moins de la première.

3 juillet 1833. — *Feuille d'Annonces de Dunkerque*, du 14 août 1833. — *L'Audomaroise*, du 17 août 1833. — *La Gazette de Flandre et d'Artois*, du 23 août 1833. — *La Boulonnaise*, du 14 septembre 1833. — *Le Grand Livre*, du 1ᵉʳ octobre 1833. — *La France littéraire*, t. 8, p. 235. — *Le Temps*, colonne 30,969. — *Le Messager des sciences et des arts de la Belgique*, livraison précitée. — *L'Echo de Vaucluse*, numéro précité. — *Le Cabinet de Lecture*, du 9 novembre 1833. — *Nouveau Programme d'études historiques et archéologiques sur le département du Nord*, p. 82. — *L'Institut*, n° 16. — *Revue anglo-française*, nᵒˢ 12 et 18. — *Revue des Provinces*, p. 59. — *Le Mémorial encyclopédique*, tome 3, p. 256. — *L'Echo de la jeune France*, t. 1, p. 182. — *Memoir of Therrouanne*, London 1836. — *Bulletin de la Société de l'Histoire de France*, t. 1, p. 257 et 261. — *France départementale*, t. 3, p. 238. — *Archives du Nord*, t. 3, livraison 2. — *Guide pittoresque du Voyageur en France*.

Notice historique sur les camps de St Omer 1. In-8° de 15 pages. 833. 100 exemplaires. — *Entreprises de Henri IV sur l'Artois*. In-8° de 16 pages. 1833. 300 exemplaires. — *Dissertation sur cette expression de Virgile : Extremi hominum Morini*. In-8° de 17 pages. 1833.

JOURNAUX ET RECUEILS QUI ONT EXPRIMÉ LEURS OPINIONS SUR CES BROCHURES :

Le Mémorial artésien, du 1ᵉʳ septembre 1833. — *Feuille de St Omer*, des 14 décembre 1833 et 29 mars 1834. — *Journal de Dunkerque*, du 6 septembre 1833. — *Les Archives du Nord*, t. 3, 3ᵉ livraison. — *La France littéraire*, t. 9, p. 458, t. 12, p. 268. — *Journal de Calais*, du 4 décembre 1833. — *Le Mémorial encyclopédique*, t. 3, p. 320 et t. 4, p. 32 et 95. — *Le Courrier du Pas-de-Calais*, du 6 septembre 1833.

Biographie de la ville de St-Omer 2. 1834-1855. In-8° de 284 pages. Tirage à 500 exemplaires. — Ouvrages, journaux ou recueils qui ont parlé de cette biographie : Jour-

---

1 « Qu'est devenu le *Camp de St-Omer* ? » Ah ! cette notice mériterait bien une deuxième édition.

2 Nous avions déjà conçu le dessein d'une deuxième édition de cette biographie ; de nouveaux et importants documents étaient rassemblés, mais nous en avons ajourné l'exécution à l'an 1850 ; pensant qu'un intervalle de quinze années n'était pas de trop pour une semblable matière, d'autant plus que nous nous proposons de publier alors une *Biographie de l'arrondissement de St-Omer*.

nal de Dunkerque, des 26 août, 8 novembre 1834 et 21 avril 1835. — La *Revue artésienne*, du 10 septembre 1834. — *L'Industriel calaisien*, des 20 novembre 1834 et 16 mai 1835. — *Feuille de St Omer*, des 27 septembre, 25 octobre, 8 novembre, 13 décembre 1834, 24 janvier et 4 avril 1835. — *L'Indicateur de l'arrondissement d'Hazebrouck*, des 15 novembre 1834 et 3 janvier 1835. — *Le Nord*, du 17 novembre 1834. — *L'Audomaroise*, des 6 et 13 décembre 1834, et 4 avril 1835. — *La Feuille d'Annonces de Dunkerque*, des 10 décembre 1834 et 3 juin 1835. — *Le Courrier du Pas-de-Calais*, des 5 janvier et 23 avril 1835. — *Le Propagateur du Pas-de-Calais*, du 19 janvier 1835. — *Gazette de Flandre et d'Artois*, du 15 février 1835. — *La Revue du Nord*, Mars 1835. — *La France littéraire*, avril et mai 1835. — *Le Mémorial artésien*, du 9 avril 1835. — *L'Ami de la Religion*, du 30 avril 1835. — *Le Messager des sciences et des arts de la Belgique*, 2ᵉ liv. 1835. — *La Boulonnaise*, du 9 mai 1835. — *Le Temps*, des 6 mars et 13 juin 1835. — *Le Moniteur*, du 14 septembre 1835. — *Le Mémorial de la Scarpe*, du 8 octobre 1835. — *Journal des Débats*, du 8 octobre 1835. — *France départementale*, t. 1, p. 431. — *Nouveau Programme d'Etudes historiques et archéologiques sur le département du Nord*, p. 88. — *Le Chroniqueur de la Jeunesse*, t. 3, p. 178. — *L'Echo de la jeune France*, t. 3, p. 107. — *Revue des Provinces*, p. 217. — *Bulletin de la Société de l'Histoire de France*, t. 2, p. 534. — *Archives du Nord*, t. 4, livraisons 2 et 4. — *Mémoires de l'Académie d'Arras*. 1835. — *Le Mémorial encyclopédique*. 1834. P. 366. 1835. P. 252. — *L'Institut historique*.

Quelques souvenirs de la révolution à St-Omer. In-8° de 8 pages. 1835. Article reproduit dans le *Courrier du Pas-de-Calais*. — Considérations sur le dévoûment d'Eustache de St-Pierre [3]. In-8° de 15 pages. 1836. 100 exemplaires.

JOURNAUX OU RECUEILS OÙ IL A ÉTÉ QUESTION DE CES *considérations*.

L'Industriel calaisien, des 26 décembre 1835, 16 et 23 janvier 1836. — *Journal de Calais*, des 30 décembre 1835,

---

1. Il y a de quoi former un gros volume avec toutes les citations réunies sur cette question nationale. — La société d'agriculture de Calais a montré récemment sur ce sujet une conduite digne et mémorable. Gloire et honneur à M. A. Lebeau, d'Avesnes, auteur du mémoire justement couronné.

20, 27 janvier, et 7 décembre 1836. — Le *Mémorial artésien*, des 31 décembre 1835, 21 janvier, 5 juin, 29 décembre 1836 et 4 juin 1837. — La *Feuille de St-Omer*, des 16 et 23 janvier 1836. — L'*Audomaroise*, des 23 janvier, 28 mai et 3 décembre 1836. — L'*Annotateur* (journal de Boulogne), du 4 février 1836. — Le *Guetteur* (journal de St-Omer), des 4 juin et 7 décembre 1836. — Le *Temps*, du 22 avril 1837.

Le *Mémorial encyclopédique*. 1836. P. 63. L'*Institut historique*. Janvier 1836. — *Bulletin de la Société de l'Histoire de France*. — La *Revue anglo-française*. — Les *Archives du Nord*, t. 5, p. 506. T. 6, p. 284.

Histoire des Flamands du Haut-Pont et de Lyzel. — Iles flottantes-Portus itius. — Abbayes de Watten et de Clairmarais. St-Omer, 1836, in-8° de 200 p. Tirage à 500 exemplaires.

JOURNAUX ET RECUEILS QUI ONT RENDU COMPTE DE CET OUVRAGE:

Le *Mémorial artésien*, des 3 juillet et 29 septembre 1836. — Le *Courrier du Pas-de-Calais*, des 24 juillet et 1ᵉʳ novembre 1836. — L'*Audomaroise*, des 17 septembre, 1ᵉʳ octobre et 31 décembre 1836. — *Gazette de Flandre et d'Artois*, du 4 octobre 1836. — Le *Guetteur*, du 5 octobre 1836. — *Journal de Dunkerque*, du 11 octobre 1836. — *Journal de Calais*, du 12 octobre 1836. — L'*Émancipateur*, du 16 octobre 1836. — La *Dunkerquoise*, du 22 octobre 1836. — L'*Echo du Nord*, du 22 novembre 1836. — Le *Nord*, du 23 novembre 1836. — L'*Indicateur d'Hazebrouck*, du 26 novembre 1836. — *Journal des Débats*, du 9 décembre 1836. — L'*Industriel calaisien*, du 10 décembre 1836. — L'*Annotateur*, du 19 octobre 1837. — Le *Mémorial encyclopédique*. Décembre 1836. — *France littéraire*, août et décembre 1836. — *Revue rétrospective*, juin 1836. — *Bulletin littéraire*. 1837. P. 39. — *Histoire de l'abbaye de Loos*.

DESCRIPTION DES MANUSCRITS DE LA BIBLIOTHÈQUE DE ST-OMER.

Extraits du catalogue inédit. — 1ᵉʳ extrait. 1836. In-8° de 62 pages. — 2ᵉ extrait. 1837. In-8° de 16 pages.

(En 1827, l'auteur avait fait paraître pour ses amis le *Catalogue sommaire des manuscrits de la bibliothèque de la ville de St-Omer*. In-8° de 32 pages.)

Il est question de ces extraits dans la *Gazette de Flandre et d'Artois*, du 22 août 1836. — Le *Courrier du Pas-de-*

Calais, du 1" octobre 1837. — Le *Mémorial encyclopédique*, 1837. P. 375. — *L'Annotateur*, du 19 octobre 1837. — *Revue rétrospective.* — *Bulletin de la Société de l'Histoire de France.* — *Mémoires des Antiquaires de France*, 2° série. — *Le Théatre du moyen-âge.* — *Le Messager des sciences et des arts de la Belgique.* — *Le Bulletin historique de la commission royale de Belgique.*

L'auteur a publié en outre divers articles historiques dans les *Archives du Nord*, la *Revue du Nord*, la *France départementale*, le *Dictionnaire de la Conversation*, le *Musée des Familles*, la *Revue anglo-française*, la *Feuille de St-Omer*, l'*Indicateur de Calais*, le *Courrier du Pas-de-Calais*, le *Propagateur du Pas-de-Calais*, les *Mémoires de la Société des Antiquaires de la Morinie*, la *Gazette de Flandre et d'Artois*, l'*Emancipateur* et le *Puits artésien* : ces articles réunis pourraient former encore un gros volume de *Variétés historiques.*

L'on a aussi rendu compte de quelques-uns de ces articles dans la *Gazette de Flandre et d'Artois*, du 17 juin 1835. — L'*Industriel calaisien*, du 3 février 1838. — *Journal de Dunkerque*, du 21 décembre 1838. — Le *Courrier du Pas-de-Calais*, du 21 mars 1837. — *France littéraire*, septembre 1834. 10° livraison. 1836. P. 406. — Plusieurs de ces articles ont été reproduits dans d'autres recueils.

Quelques-uns des ouvrages de l'auteur ont été honorés de souscriptions ministérielles. Il défie qu'on puisse lui reprocher une ligne contre la religion et la morale publique. — La nomenclature des journaux ci-dessus cités n'a pas été donnée par une puérile vanité [1], mais parce que ces journaux, à l'exception d'un seul, indépendamment d'une critique sage et mesurée et d'excellents conseils, renferment une foule de renseignements intéressants pour les amis de l'histoire de la localité. Ces sources nous ont donc semblé devoir être indiquées pour l'avantage de la science. Une polémique à ce sujet serait d'une trop longue étendue sans doute, mais aurait bien son utilité. Nous n'avons au reste que des remerciements sincères à offrir à tous ceux qui nous ont traité avec tant de bienveillance et d'impartialité. Un anonyme a pu dire de nous, il est vrai : « C'est par spéculation qu'il exhume

---

[1] Nous savons apprécier parfaitement la justesse de cette maxime: « qui a écrit dans l'espoir d'un nom, sacrifie sa vie à la plus sotte « comme à la plus vaine des chimères. »

« toutes ses richesses archéologiques ; de grâce qu'il se
« laisse donc toucher par l'amour de la gloire ; qu'il
« n'écrive que pour elle.... » (17 septembre 1836.) Cette
calomnie insidieuse (et corroborée par une quasi-dé-
négation calculée), ayant trouvé place dans une feuille
qui, malgré son patronage équivoque, et bien des
articles recommandables, n'est que trop souvent rédigée
par des *gamins*, nous dirons d'abord avec le *Puits artésien* (t. 5, p. 505) : « *L'anonymiste est un infâme*. » Puis nous
prendrons la confiance de nous défendre seulement avec
le témoignage suivant : « Animé du zèle le plus louable
« et *le plus désintéressé* pour l'histoire de la Morinie, il
« est auteur d'un grand nombre de notices et disserta-
« tions sur cette contrée... » (*Bulletin de la Société de*

Nous avons fait quelques recherches sur le nom de
Piers, en voici le résultat :

Il y a un lieu de la province de Wilt en Angleterre, appelé Easton-
Piers. (*Nicéron*, t. 4, p. 311.) — Ce nom de Piers a été assez répandu
dans la Grande-Bretagne ; au commencement du 14e siècle, on le
trouve avec la qualification de *Miles* dans l'un des manuscrits de sir
Phillipps. — « Dès son enfance, Édouard II avait vécu dans la plus
« grande intimité avec Piers de Gaveston, fils d'un gentilhomme de
« Guyenne... » (*Lingard*, traduction, t. 3, p. 456.) — Froissart parle
de Piers de Grailly, captal de Buch. — « Le roi Richard II, d'après
« plusieurs autorités historiques, est mort de la main de Piers Exton. »
(Note du Froissart du Panthéon littéraire.) Il faut lire, selon nous,
Pierre Exeton. — En 1415, Jean Piers commandait à Londres le na-
vire *la Petite-Trinité de la Tour*. (Note de sir Phillipps). — Ce nom
figure encore sur la liste des officiers fidèles à Jacques II qui, après
sa retraite définitive à St-Germain, furent dirigés sur quelques villes
de la Flandre et de l'Artois avec de médiocres pensions. *Plowmann
Piers Vision* (édition de Crowley), est citée par Walter-Scott. *Le
Pirate*, traduction, p. 45. — Le nom de Piers n'est pas moins connu dans la Flandre. Sanderus
indique un consul Piers à Beveren. (*Flandria illustrata*, t. 5, p. 208.)
Il cite un Jeremias Piers Seanus (de *Scriptoribus*, Lib. 1, p. 109). —
Une famille Piers possédait les seigneuries de Wille et Haut-Pont
dans la châtellenie de Courtrai. L'un de ses derniers descendants,
Jacques-Joseph Piers, jouissait à Gand, en 1767, d'une fortune considérable. Le savant M. Voisin nous a promis une notice sur les Piers
bourgmestres ou sénateurs à Gand. — Charles Piers, neveu d'Oudart de Bersaque, élu en juin 1555,
35e doyen à Notre-Dame de St-Omer, est mentionné au 16e siècle,
ainsi qu'Isambeau Piers et Colart Piers, également prêtres, dans le
grand cartulaire de St-Bertin, et son sceau y est configuré à la page
42 du tome 8. — Un autre Charles Piers, religieux de Clairmarais
et prieur de Ponteau, en Gascogne, décéda à St-Omer le 22
avril 1756. — Dans les deux siècles qui précèdent, divers individus de ce nom
résidaient à Ruminghem, à St-Omer et dans le Brédenarde. — On

l'*Histoire de France*, t. 2, p. 381. (Voir aussi le *Mémorial artésien*, des 25 décembre 1836 et 8 février 1838.) Et nous répéterons enfin ce que nous avons déjà dit dans une honorable publication (la *Revue du Nord*, 1837.) : « Si nous rencontrons quelques écueils sur la route, si « la lutte devient amère et difficile, eh bien, ne cessons « pas nos efforts, et continuons nos essais : nous aurons « encore l'amour de la patrie pour les soutenir, et peut- « être aussi des esprits éclairés et des cœurs généreux « pour les comprendre. »

H. PIERS.

---

trouve dans nos archives François Piers, fils de Charles, né à St-Omer le 10 mars 1652, et Jacques Piers, né à Ruminghem, décédé à St-Omer le 9 janvier 1777. — Pierre Piers exécuta, en 1678, de grands travaux au havre de Gravelines qui attirèrent l'attention de Vauban. — Pierre Piers était mayeur d'Audrucq en avril 1705, et trois générations auparavant Flour Piers y avait sa demeure. Plusieurs autres membres de cette famille ont rendu d'importants services à l'ancienne capitale du Brédenarde.

L'abbé Piers, professeur de rhétorique renommé, est né à Audrucq en 1722. Il mourut dans l'émigration. (*Biographie de la ville de St-Omer*, p. 268. — *Petite Feuille de St-Omer*, n° 243. — *Manuscrits Vanhuttlehm*, p. 172.)

L'abbé Philippe-Jean-Baptiste Piers, né à Ruminghem en 1743, publia, dans les dernières années du siècle dernier, plusieurs écrits sur les matières religieuses et politiques du temps. (Même biographie, p. 269.)

Le *Mémorial artésien* (n° du 9 avril 1835) nous a reproché l'omission, dans la *Biographie de la ville de St-Omer*, « cette bonne ville, « a-t-il dit alors, où l'on a tant de peine à s'entendre, d'un nom « essentiel et distingué comme écrivain et surtout comme citoyen « courageux, alors qu'il y avait du danger à braver des énergumènes « qui n'étaient forts que de la faiblesse des gens de bien. » Nous n'avons point à nous justifier de cette omission, mais elle n'en est pas moins réelle. Le souvenir de ses aimables et spirituelles poésies subsiste encore parmi ses contemporains, et dans l'opuscule intitulé: *Quelques souvenirs de la révolution à St-Omer*, nous avons signalé sa courageuse démarche en faveur d'un ancien guerrier arbitrairement détenu, et son audacieuse énergie auprès d'un farouche proconsul. Victime des terroristes après les journées des 31 mai et 18 fructidor, on sait encore que celui dont nous n'avions pas cru devoir parler, par une scrupuleuse bienséance (ce qui n'empêcha pas une atroce calomnie de s'appesantir par la suite sur notre silence; « *mais la haine est injuste et n'examine rien* »), a été le principal rédacteur d'une fameuse adresse contre un affreux triumvirat, et ses compatriotes qui ont survécu à cette terrible époque de dépopulation, peuvent encore redire avec quelle éloquence antique il cherchait à venger l'humanité outragée par le despotisme, avec quel zèle il s'intéressa pour la subsistance publique ou la liberté des otages, avec quelle véhémence il poursuivait de ses sarcasmes de sales Brutus et de grossiers *chitoyens*. Mais là, en ce temps, les gens de cœur et d'esprit ne plaisaient pas à tout le monde, comme on sait, et il en est peut-être autrement aujourd'hui.

TABLE.

	Pages
CONSIDÉRATIONS GÉNÉRALES sur les bibliothèques.	4
Bibliothèque de St-Bertin.	7
Bibliothèque de Notre-Dame de St-Omer.	12
Bibliothèque de Clairmarais.	13
Autres bibliothèques anciennes de St-Omer.	14
Bibliothèque publique de St-Omer.	19
Catalogues.	23
Manuscrits.	30
Rapports annuels.	34
Allocation, commission.	35
Donations.... Donateurs.	37
Dispositions réglementaires.	38
Aperçu sommaire des bibliothèques publiques du Pas-de-Calais.	40
Notice sur les archives de la ville de St-Omer, etc.	51
Tableau des ouvrages historiques de l'auteur.	59

ERRATA:

Page 21. *Uno* (dans une partie des exemplaires), lisez : *primo*. Page 41. *Ibri*, lisez : *libri*. Page 51. *Prœtor*, lisez : *Prœtor*. Page 51. Guillaume *de* Cilton, lisez : *Guillaume Cliton*. Page 53. *Egarée*, lisez : *égaré*. Page 53, ligne 17. *En outre*, lisez : *encore*. Page 53. *Ordonnanées*, lisez : *Ordonnances*. Page 54, ligne 41, *L'impression*, lisez : *la publication*.

TABLE

Pages.
Considérations générales sur les bibliothèques. 4
Bibliothèque de St-Bertin 7
Bibliothèque de Notre-Dame de St-Omer . . . 12
Bibliothèque de Clairmarais 15
Autres bibliothèques anciennes de St-Omer . . 14
Bibliothèque publique de St-Omer 19
Catalogues 23
Manuscrits 50
Rapports annuels 54
Allocation, commission 53
Donations, Donateurs 54
Dispositions règlementaires 55
Aperçu sommaire des bibliothèques publiques du
  Pas-de-Calais 57
Notice sur les archives de la ville de St-Omer, etc. 58
Tableau des ouvrages historiques de l'auteur. 59

Page 5, ligne 1, lisez (dans une partie des exemplaires). lisez : primat. — Page 41, ligne dern. Pagebet, lisez : Franchi, lisez : Prevôt. Page 51, Guillaume de Cillon, lisez : Guillaume Cillon. Page 55, ligne 1, lisez : devant. Page 55, ligne 17, Du autel, lisez : à côté. Page 55, Ordonnades, lisez : Ordonnance. Page 54, ligne 4, l'Impression, lisez : a été tirée.

www.ingramcontent.com/pod-product-compliance
Lightning Source LLC
LaVergne TN
LVHW021723080426
835510LV00010B/1108